KB121588

언박싱

언박싱

Unboxing

이홍 지음

교보문고

• 이 책은 2019년 광운대 연구년 기간에 집필되었음.

머리말

유럽의 창조를 이야기할 때 빠지지 않고 등장하는 단어가 르네상스다. 14세기에서 16세기까지 유럽에서 일어난 문예 및 과학 기술 부흥기를 이르는 말로, 이탈리아의 피렌체라는 작은 도시에서 시작되었다. 필리포 브루넬레스키Filippo Brunelleschi로 대표되는 건축가, 마사초Masaccio, 도나텔로Donatello, 미켈란젤로 부오나로티Michelangelo Buonarroti 등의 화가 및 조각가, 그리고 예술과 과학 기술의 영역을 섭렵한 레오나르도 다빈치Leonardo da Vinci 등이 이 시대를 대표하는 인물들이다. 독일 요하네스 구텐베르크Johannes Gutenberg의 인쇄술도 이 시기에 등장한다. 이후 르네상스는 유럽의 자부심과 우수성을 알리는 단어로도 사용되었다.

그런데 문제는 이 단어가 한반도의 초일류 창조 시대를 표현할 때도 사용된다는 점이다. 이 시대를 조선의 르네상스 또는 세종의 르네상스라고 부르는 사람들이 있다. 이것에 대해 심히 유감이다. 이탈리아에서 시작된 르네상스는 유럽 각국으로 퍼져나가면서 프랑스 르네상스, 영국 르네상스, 독일 르네상스 등을 만들어냈다. 하지만 이것을 조선의 르네상스 또는 세종의 르네상스로 확장하는 것은 두 가지 점에서 잘못됐다. 첫 번째로 이탈리아의 르네상스는 조선에 영향을 미친 적이 없다. 피렌체에서 시작된 르네상스는 시기적으로 세종 시대와 겹친다. 세종은 1397년에 태어나서 1450년에 세상을 떠났다. 르네상스 시대 초중반에 해당되는 시기다. 그렇다고 르네상스의 창조적 사상이 조선에 영향을 미친 적은 없다. 역사서 어디에서도 피렌체가 조선에 영향을 주었다는 증거는 단 한 줄도 발견할 수 없다. 두 번째로 세종 시대의 창조적 성과는 피렌체의 그것과는 비교 자체가 불가능하다. 일본의 이토 준타로伊東俊太郎 등은 《과학사기술사사전科學史技術史事典》에 전 세계의 창조적 업적을 시대별로 구분해 수록했다. 이 책에서는 1400년부터 1450년까지의 역사적 기록을 바탕으로 각국의 업적을 'C4, J0, K21, O19'라는 기호로 설명했다. 여기서 C는 중국China을 말한다. 그 당시 명나라였던 중국이 네 개의 창조적 유산을 남겼다는 말이다. J는 일본Japan이다. 일본은 뚜렷한 업적이 없다는 뜻이다. K는 한국Korea으로, 당시에는 조선이었다. 조선이 최고의 창조물을 21개 남겼다는 말이다. O는 기타 국가Others를 말한다. 당시의 유럽과 이슬람 국가 전체가 총 19개의 창조적 유산을 남겼다는 것이다. 이 기준으로 보면 당시 세계의 창조적 성과물 44개 중 조선의 것이 차지하는 비율은 47.7퍼센트에 달한다. 이탈리아가 포함됐을 것으로 추정되는 O가 43퍼센트를 차지하지만 여기에는 이슬람 국가와 전 유럽이 포함된 것으로, 이탈리아만 빼서 보면 그 비율은 매우 낮을 것이다. 다시 말해 조선의 과학적 진보는 당시의 피렌체는 물론이고 이탈리아뿐만 아니라 유럽 전체에서도 달성하지 못한 것이다. 그런데 어떻게 세종 시대의 성과가 유럽의 아류가 된다는 말인가? 세종 시대에 일어난 엄청난 일들을 르네상스라는 단어로 표현하는 것은 당연히 적절치 않다.

그럼 어떻게 표현해야 할까? 이 시대는 '창조 절정 시대'라고 부르는 것이 맞다. '절정'이라는 단어는 단순히 한반도 또는 조선 내에서 최고임을 뜻하는 단어가 아니다. 인류사적 관점에서도 최고 수준이었다는 말이다. 'C4, J0, K21, O19'라는 기호가 의미하듯이 세종 시대의 창조성은 당시 어떤 나라와 비교해도 압도적이었다. 나는 세종의 후손들이 다시 한번 세종 시대의 창조 절정기를 재현해보았으면 한다. 세종 때 일어난 일이 지금이라고 일어나지 말라는 법은 없다. 조상이 한번 경험했으면 후손도 얼마든지 할 수 있다. 그러기 위해서는 창조 절정 시대가 어떻게 열리게 되었는지를 알아야 한다.

이것을 알려면 세종의 생각법을 살펴봐야 한다. 그래서 붙여진제목이 《언박싱Unboxing》이다. 언박싱은 박스 포장을 뜯어 내용물을 확인하는 행위를 말한다. 세종의 창조적 사고의 비밀을 둘러싼 포장지를 뜯어 감춰진 정체를 알고자 한다는 의미를 담았다. 더 큰 의미도 있다. 나라는 사람의 생각 박스를 뜯는 언박싱을 통해 창조적 사고에 이르는 방법을 알아보자는 것이다. 이 책에서는 누구보다 창조적 사고에 강했던 세종의 생각법을 통해 이것을 살펴볼 것이다.

지금까지 많은 훌륭한 책들이 세종을 조명했지만 그의 창조적 생각의 흐름을 좇아간 책들은 없었다. 이에 대한 저술을 통해 창조적 리더를 꿈꾸는 사람들에게 도움이 되고 싶었다. 사실 한반도는 그동안 남의 것을 베끼며 살아왔다. 5,000년 동안 중국을 모방했고, 6·25전쟁 이후에는 30년 동안 일본을 모방했다. 그리고 이제는 미국을 모방하며 살고 있다. 모방이 창조로 가는 길이기도 하지만 지속적으로 모방만 하다가는 우리의 생존을 위협받을지도 모른다. 모방의 천재 중국이 뒤에 있기 때문이다. 이제 한국은 스스로 생각해야 하는 시점에 와 있다. 그러기 위해 가장 필요한 것이 창조력이다. 불행히도 우리는 오랜 기간 창조적 사고를 훈련받지 못했다. 리더들도 마찬가지다. 그런데 한반도에 희한한 사람이 등장한 적이 있다. 바로 세종이다. 그는 어떻게 창조적으로 생각할 수 있는지를 철저히 가르치고 갔다. 그런데 우리는 이 정신적 유산을 활용하지 못했다. 그저 세종이 무엇을 발명했는지 등을 물질적 시각에서만 바라보았을 뿐이다. 이 책은 이것을 거부한다. 리더로서 세종이 보여준 창조적 사고를 철저히 파헤쳐보고자 한다. 《세종실록》을 보면서 나는 놀라움을 금치 못했다. 현대 창조 이론이 이야기하는 것보다 훨씬 많은 것을 세종이 깨닫고 있었기 때문이다. 현대에 가장 창조적이라고 일컬어지는 사람들과 비교해도 그 격차가 엄청나다. 이것을 책으로 기록하지 않으면 안 된다는 소명 의식이 생겼다.

이 책은 절대 역사서가 아니다. 세종이라는 한반도 역사상 가장 창조적인 인물의 생각을 탐험하는 일종의 사례 연구서다. 이것을 통해 창조적 사고, 특히 리더의 창조적 사고가 어떻게 일어나는지를 조명하고자 했다. 연구서라고 하지만 이 책은 일반인들이 이해하기 쉽도록 쓰였다. 《세종실록》에 나오는 어려운 한자어는 풀어서 쓰려 했고, 창조와 관련한 학문적 용어 역시 쉽게 설명하려고 노력했다. 아무쪼록 현대를 살아가는 사람들, 특히 리더들이 창조적 사고를 배우는 데 이 책이 도움이 될 수 있었으면 하는 바람이다.

이홍

차례

2부

생각을 언박싱하라

1부

지금 언박싱하라

unboxing

1

자기 생각에 갇힌 사람들

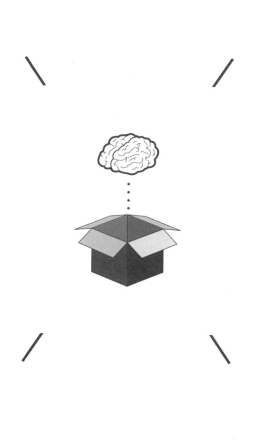

1. 생각을 제약하는 박스

　한반도에서 살아가는 사람이라면 그 누구도 세종 시대를 창조 절정에 이른 시대라 말하는 데 이견을 달지 않을 것이다. 한글을 창제했을 뿐 아니라 다양한 천문 과학 기기의 발명을 통해 당시 세계에서 가장 정교한 천문 지식을 가지고 있었기 때문이다. 또한 일성정시의日星定時儀라는 세계 어디에서도 찾아볼 수 없는 시계가 이 시기에 발명되었으며, 오늘 날 로켓의 시초가 되는 무기, 신기전도 이때 만들어졌다. 그 중심에 세종이 있었다. 도대체 그는 어떤 비밀을 가지고 있었을까? 이게 바로 이 책에서 파헤쳐보려고 하는 것이다. 결론적으로 말하면 그의 창조 비밀은 박스 사고 탈출, 즉 '생각 언박싱'이었다. 모든 사람은 사과 박스 같은 것을 머리에 쓰고 산다 (〈그림 1-1〉). 그리고 그 박스 속에서 생각한다. 박스의 정체는 사람들

〈그림 1-1〉 **사람들의 박스 사고**

의 경험이다. 사람들은 절대 자신의 경험을 넘어서 생각하지 못한다. 아이들에게 외계 생물을 그려보라고 하면 여러 가지 모습을 그리기는 하지만 그것들 간에는 공통점이 아주 많다. 가장 큰 특징은 눈, 코, 입이 어딘가에 있고 손과 발이 있다는 점이다. 익히 알고 있는 동물이나 사람의 특징을 가지고 있다. 왜 그럴까? 우리가 알고 있는 동물이나 사람에 대한 정보가 생각을 제약하기 때문이다. 창조적 사고를 제대로 할 수 없는 이유도 제한된 경험 속에서 일어나는 박스 사고 때문이다.

그럼 세종은 박스 사고를 하지 않았을까? 그렇지 않다. 그 역시 사람이었기 때문에 생각 박스의 제약을 받지 않는 것은 불가능했다. 하지만 차이가 있었다. 그는 박스에서 빠져나오는 방법, 즉 생각을 언박싱하는 법을 알았다. 세종은 자신이 가지고 있는 박스 사고의 문제뿐만 아니라 리더가 겪게 되는 박스 사고의 위험도 알았다. 보통 리더가 되면 생각 박스가 더 커지고 유연해질 거라고 생각하지만 그 반대인 경우가 많다. 오히려 생각이 좁아지고 경직될 확률이 높아진다. 자기중심적 사고가 그 원인이다. 자신이 다른 사람들보다 우월하다는 생각 또는 그렇게 보여야 한다는 강박 관념으로 인해 나타나는 행동 양상이다. 이런 태도로 인해 두 가지 문제가 생긴다.

생각의 탄력성 감소

생각 탄력성은 바람이 가득 차 있는 공에 비유해 설명할 수 있다. 공에 바람이 빠지면 바로 새로운 공기를 넣어주어야 탄력이 되살아난다. 생각도 마찬가지다. 생각이 탄력적이려면 새로운 생각이 외부에서 지속적으로 유입돼야 한다. 리더가 자기중심적이 되면 이것이 어려워진다. 자기가 다른 사람들보다 우월하다는 생각이나 자신을 중심으로 일을 진행해야 위엄이 선다는 잘못된 생각이 다른 사람들의 생각을 받아들이기 어렵게 만든다. 이렇게 되면 바람 빠진 공 같은 상태가 되어 탄력적 사고를 하기 어려워진다.

생각 편식

자기 입맛에 맞는 생각만 섭취하고 다른 생각은 버리는 것을 말한다. 자기 생각을 뒷받침하는 정보에만 귀를 열면서 자기 생각을 강화하는 확증 편향confirmation bias이 생각 편식의 대표적 현상이다. 생각 편식이 교정되지 않으면 리더의 생각 박스는 시간이 지날수록 더 좁고 단단해진다. 이런 리더들의 특징은 처음에는 성과를 내는 듯하지만 결국에는 엄청난 실패를 경험하게 된다는 것이다. 중국의 진시황始皇帝이 그런 인물이다. 중국 역사상 진시황만큼 똑똑하고 창조적인 리더를 찾기도 어려울 것이다. 세계 최초로 혈연관계 중심의 지배 구조를 군현제郡縣制로 바꾸어 체계적으로 관리한 사람이 진시황이다. 군현제란 전국을 군으로 가르고 이것을 다시 현으로 갈라, 중앙 정부에서 지방관을 보내 직접 다스리던 제도로, 한국으로 치면 도道, 시市, 군郡, 구區 제도에 해당된다. 이 제도는 오늘날 전 세계에서 사용되고 있다. 그는 지금으로 치면 고속도로에 해당하는 직도直道와 치도馳道를 만든 사람이기도 하다. 직도는 군사용 고속도로고, 치도는 황제용 고속도로다. 치도는 기원전 210년에 완성된 것으로 동서양 어디에서도 찾아볼 수 없었던 엄청난 것이었다. 도로 폭이 약 60미터였으며, 도로변에는 키가 9미터 정도 되는 나무를 심었고, 도로 바깥에는 두꺼운 담을 쌓았다. 그 길이가 약 720킬로미터에 이르렀다. 그뿐만 아니다. 지역마다 달랐던 언어와 도량형, 그리고 화폐를 통일했다. 새로운 무기 체계도 개발했다. 학자들이 중국 병마용갱에서 나온 칼을 보고 경악을 금치 못한 적이 있었다. 발견된 칼들이 전혀 녹슬지 않았기 때문이었다. 이 칼에는 오늘날에 이르러 보편화된 크로마이징chromizing이라는 첨단 기술이 사용되었다는 것이 연구를 통해 밝혀졌다. 이것 외에도 진시황과 관련된 업적이 부지기수다. 하지만 진시황의 제국은 시간이 지나면서 경직되기 시작했고, 그가 죽은 지 불과 3년을 넘기지 못하고 멸망했다. 이유가 무엇일까? 폭넓은 시야와 식견으로 중국을 통일하고 창조성을 발휘한 진시황이 황제라는 자리에 오르면서 좁고 단단한 박스 사고에 빠졌기 때문이다. 전에는 문제를 해결하기 위해 주변 사람들의 생각을 빌리고 귀를 열 줄 알았던 그가 황제의 자리에 오르자 변했다. 극단적인 자기중심적 리더가 되었다. 중국 통일이라는 엄청난 일을 했으니 웬만한 것들은 자기 손바닥 위에 있다고 생각한 자신감이 원인이었다. 이런 진시황의 마음을 조고趙高라는 환관이 꿰뚫고 있었다. 그는 진시황을 신이라고 치켜세운 후 신의 위엄을 높이기 위해 인간들과 만나는 것을 최소화하라고 권했다. 하고 싶은 말이나 일은 자신에게 명령하면 된다고 했다. 그러자 진시황과 신하들과의 접촉 경로가 끊겼다. 새로운 경험과 생각이 유입되는 길이 차단되었고, 진시황은 과거의 기억 속에 빠져 사는 극단적인 박스 사고를 하기 시작했다. 조고는 이것을 이용해 진시황

의 똑똑하고 능력 있는 큰아들을 죽이고, 가장 무능한 아들 호혜胡
亥를 황제로 만들며 진나라를 장악했다. 이 모든 것의 원인은 진시
황 본인에게 있었다.[1]

2. 생각 위에서 생각하기

세종이 위대한 이유는 박스 사고에 갇히는 것을 극단적으로 경계했기 때문이다. 그는 제왕의 위치에 있었음에도 불구하고 자기중심성에 갇히지 않았다. 그는 주위의 생각이 유입될 수 있는 통로를 제위 기간 내내 열어두고 생각의 세계를 넓혔다. 생각의 세계를 열어두면 왜 창조성이 증가하는가? '생각 위에서 생각'할 수 있기 때문이다. 유입된 새로운 생각을 이용해 자신의 처음 생각이나 기존 시각을 되돌아보며 건전한 의심을 가지는 것을 말한다. 이것이 이 책에서 말하는 언박싱 방법의 핵심이다. 학문적으로는 메타meta인지가 작동한다고 말한다. 인지라는 말에는 '생각한다'는 뜻이 있다. 메타라는 말은 '위' 또는 '위에서'라는 뜻이다. 따라서 메타인지는 '위에서 생각을 살핀다'라는 의미다. 메타인지는 창조적 사고에 있어 매우 중요한 요인으로 알려져 있다.[2] 우리는 메타인지를 일상에서 종종 사용한다. 성찰(반성)이 그 대표적인 예다. 성찰이란 되돌아보면서 다시 생각해보는 것으로 그 대상은 과거, 현재 그리고 미래다. 과거에 벌어진 일이나 결정에 대한 성찰을 '과거 성찰'이라고 하고, 현재 진행 중인 일이나 결정에 대한 성찰을 '현재 성찰'이라고 한다. 미래에 벌어질 일이나 결정에 대한 성찰은 '미래 성찰'이라고 한다.[3] 생각 위에서 생각하기는 이 중 과거나 현재의 일이나 결정을 되돌아보는 것이 아닌, 미래에 벌어질 일 또는 결정에 대해 생각해보는 것을 말한다. 이것을 통해서 리더의 가장 중요한 책무인 창조적 의사결정을 할 수 있다.

생각 위에서 생각하기는 혼자서도 할 수 있다. 하나의 생각이나 계획을 건전하게 의심하면서 앞으로의 일을 다양한 방향으로 상상하고 추론해보면 된다. 긍정적 시각에서 보기도 하고 부정적 시각에서 보기도 하면서 이런 관점, 저런 관점을 섞어가며 자신의 결정으로 인해 일어날 수 있는 결과에 대해 거듭 생각해보는 것이다. 하지만 이것이 쉽지 않다. 여기에는 세 가지 이유가 있다.

경험의 양을 늘리기 어렵다

짧은 시간 내에 경험의 양을 늘리는 것이 쉽지 않기 때문이다. 아무리 능력 있는 사람도 세상의 모든 경험을 다 해볼 수는 없다.

특히 리더에게 이것은 심각한 문제다. 리더는 미지의 미래 세계에 대한 의사결정을 해야 하는 사람이기 때문이다. 미래에는 어떤 일이 어떤 방식으로 전개될지 아무도 모른다. 리더가 경험한 일들이 반복될 수도 있고 그렇지 않을 수도 있다. 따라서 리더 개인이 아무리 노력해도 알 수 없는 미래 상황이 존재한다. 이것을 사전에 다 경험할 수는 없다.

생각 편향을 극복하기 어렵다

심리학자로서 노벨경제학상을 받은 대니얼 카너먼Daniel Kahneman에 따르면 사람들의 의사결정은 오류투성이일 가능성이 높다.4) 느낌과 직관에 의존해 의사결정을 하기 때문이다. 하지만 혼자서 생각 위에서 생각해보는 방식은 겉으로 드러난 현상이나 자신의 과거 경험에 의존하다 보니 편향적인 결정을 내릴 가능성이 크다. 이를 피하려면 다양한 새로운 정보와 주위의 다양한 생각을 받아들여 자신의 감을 교정해야 한다. 하지만 이것이 쉽지 않다. 특히 자기중심적 성향이 강한 리더들이 이것에 약하다. 한국에는 삼립식품이라는 유명한 제빵 기업이 있었다. 이 회사가 망해 지금은 파리바게뜨에 편입되었다. 왜 망했을까? 이 회사의 설립자가 신사업에 실패했기 때문이다. 그는 빵으로 번 돈을 리조트 사업에 투자했지만 큰 실패를 하게 되었다. 감에 의존한 결정의 결과였다. 그는 콘도 운영과 같은 리조트 사업은 제빵 사업 분야에서의 비즈니스 경험으로 충분히 성공시킬 수 있다고 자신했다. 겉보기에 리조트 사업이 제빵 사업보다 간단해 보였기 때문이다. 당시 많은 사람들이 리조트 사업에 큰 관심을 보인 것도 섣부른 판단을 하게 된 원인이었다. 리조트 사업 붐이 일자 마음이 급해진 그는 충분한 검토 없이 신사업에 뛰어들었다. 신사업을 하려면 그 사업의 밝은 면과 어두운 면을 동시에 고려해야 한다. 그리고 충분한 갑론을박을 통해 최초의 생각을 점검하는 과정이 있어야 한다. 하지만 삼립식품의 신사업에서는 이런 과정이 제대로 이뤄지지 못했다. 최고 의사결정자가 마음먹은 일에 토를 다는 사람이 없었고, 설립자 본인도 부정적 이야기에 귀를 기울이지 못했다. 이미 생각이 기울고 있었기 때문이다.

고착에서 빠져나오기 어렵다

사람은 하나의 생각에 붙들리면 쉽게 빠져나오지 못한다. 고착 때문이다. 고착이란 하나의 생각에 붙들리면 깊은 진흙 속에 빠진 것처럼 다른 생각을 하기 어려운 상태를 말한다. 고정관념이 고착의 일종이다. 어떤 문제를 해결할 때 비슷한 사례를 통해 해결책을 찾으려고 하는 경우가 종종 있다. 그런데 해결책을 한번 보고 나면 도통 다른 생각을 할 수가 없다. 한번 본 해결책이 머릿속에서 맴돌기 때문이다. 이것이 고착이다. 고착을 깨기 위해서는 전혀 새로운 방향에서 경험과 생각을 주입해야 한다. 물론 이것을 스스로 하기란 쉽지 않다.

그렇다면 이러한 한계를 극복할 방안은 무엇인가? 주위 사람들의 생각을 활용하는 것이다. 이게 세종이 자신의 생각 박스를 탈출하는 방법이었다. 세종은 다른 사람들의 생각을 빌려 합치고 통합해서 결정하는 것의 위력을 알고 있었다. 학문적 깊이나 폭에서 신하들에게 절대 밀리지 않았던 세종이 남의 말에 귀 기울이기가 쉽지만은 않았을 것이다. 그런데도 그는 다른 사람들의 말에 귀를 기울였다. 아무리 자기가 옳다고 느껴져도 주위 사람들의 생각을 빌려 자기 생각을 점검했다. 이렇게 자신의 생각을 단단히 붙들고 있는 포장 박스에 주위 생각을 부딪치게 만들어, 그 박스를 벗겨내는 언박싱을 끊임없이 실행했다. 이것을 상징적으로 나타내는 세종의 한마디가 있다.

한 사람의 말만 가지고 작정할 수 없다.

― 세종 4년 5월 28일

한 사람만의 생각으로 작정할 수 없다는 말은 여러 사람의 의견을 듣고 결정하겠다는 것이다. 이것은 단순히 많은 사람들의 생각을 들어보겠다는 뜻이 아니다. 다른 사람들의 생각을 들으며 이렇게도 보고 저렇게도 보고, 필요에 따라서는 원점으로 돌아가 다시 생각하겠다는 뜻이다. 이것은 세종 자신의 의사결정에만 적용되는 것이 아니었다. 그는 다른 사람들에게 일을 시킬 때도 비슷한 방법을 쓰기를 주문했다. 이를 잘 보여주는 예가 있다. 세종 시대의 큰 업적 가운데 하나로 세계적 수준의 인쇄술을 확보한 것을 들 수 있다. 이에 대해 실록은 다음과 같이 기록하고 있다.

> 지중추원사 이천을 불러 의논하기를 "태종께서 처음으로 주자소를 설치하시고 큰 글자를 주조할 때에, 조정 신하들이 모두 이룩하기 어렵다고 하였으나, 태종께서는 억지로 우겨서 만들게 하여, 모든 책을 인쇄하여 중외에 널리 폈으니 또한 거룩하지 아니하냐. 다만 초창기이므로 제조가 정밀하지 못하여, … 겨우 두어 장만 박으면 글자가 옮겨 쏠리고 많이 비뚤어져서, 곧, 따라 고르게 바로잡아야 하므로, 인쇄하는 자가 괴롭게 여겼다. 내가 이 폐단을 생각하여 일찍이 경에게 고쳐 만들기를 명하였더니, 경도 어렵게 여겼으나, 내가 강요하자, 경이 지혜를 써서 판을 만들고 주자를 부어 만들어서, … 많이 박아내어도 글자가 비뚤어지지 아니하니, 내가 심히 아름답게 여긴다. 이제 대군들이 큰 글자로 고쳐 만들어서 책을 박아보자고 청하나, … 일이 심히 번거롭고 많

지마는, 이 일도 하지 않을 수 없다" 하고, 이에 이천에게 명하여 그 일을 감독하게 하고, 집현전 직제학 김돈, 직전 김빈, 호군 장영실, 첨지사역원사 이세형, 사인 정척, 주부 이순지 등에게 일을 주장하게 맡기고, … 주자 20여만 자를 만들어, 이것으로 하루의 박은 바가 40여 장에 이르니, 자체가 깨끗하고 바르며, 일하기의 쉬움이 예전에 비하여 갑절이나 되었다.

— 세종 16년 7월 2일

세종 16년 7월 2일, 세종은 이천을 불러 인쇄술 개량에 대한 그의 수고에 감사를 표했다. 이천은 대마도 정벌 때 공을 세운 군인이면서 쇠를 주조하는 일과 화포 그리고 천문학에 조예가 깊은 과학자였다. 조선은 태종 때 주자소鑄字所를 설치하고 계미자癸未字라는 금속활자를 만들었다. 하지만 주조가 정밀하지 못해 두 장 정도도 인쇄하지 못하고 글자가 비뚤어지는 등 문제가 많았다. 이 문제를 이천은 경자자庚子字라는 새로운 금속활자를 만들어 개선했다. 이것을 만들라고 한 사람은 세종이었다. 이천은 세종의 기대에 부응했고 이를 칭찬하는 내용이 앞에 나온 기록이다. 그러면서 세종은 이천에게 또 다른 주문을 했다. 단순히 몇 장을 비뚤어지지 않게 인쇄하는 수준이 아니라 책을 송두리째 인쇄하는 방법도 찾아보자는 것이었다. 세종도 이 일이 매우 어려운 것임을 알고 있었지만 그렇다고 안 할 수도 없다며 이천에게 부탁했다. 이로 인해 새로운 금속 활자가 만들어지는데 이것이 세종 16년에 만들어진 갑인자甲寅字다. 위 기록에 나온 '주자 20여만 자'가 바로 그것이다. 이것으로 조선은 하루 40여 장을 인쇄할 수 있는 역량을 갖추게 되었다. 이는 과거에는 상상도 할 수 없었던 것으로, 세계적 수준의 인쇄술이었다.

세종은 이 일을 이천에게 맡기면서 김돈, 김빈, 장영실, 이세형, 정척, 이순지 등과 함께 팀을 이루라고 지시했다. 물론 세종이 일방적으로 이들과 함께하라고 지시하지는 않았을 것이고, 누구와 작업하면 좋을지를 사전에 이천과 함께 조율하는 과정이 있었을 것이다. 당대 최고 수준의 인물들이 갑인자를 주조하고 책을 인쇄하는 일에 투입되었다. 우리가 너무나도 잘 아는 장영실이 투입되었다. 기구를 만드는 능력이 탁월한 그가 필요했을 것이다. 김돈이라는 사람도 나온다. 이 사람은 도승지, 즉 세종의 비서실장이다. 세종의 의중을 전달하고 필요한 자원을 지원하는 일을 맡았을 것으로 보인다. 정척은 글씨에 능한 사람으로, 주조된 활자의 모양을 결정하는 역할을 했을 것이다. 이세형은 문장(글)에 능한 사람으로 알려져 있다. 문장 역시 글자와 관련이 있으니 투입되었을 것이다. 그런데 김빈과 이순지는 왜 여기에 투입되었는지 고개를 갸우뚱하게 만든다. 김빈은 인동 지역(현 구미)의 현감이었던 사람으로 지방 관료 출신이다. 중국 역사에 밝아 집현전 학자로 발탁된 인물이다. 그리고 이순지가 나온다. 그는 수학과 천문학의 대가다. 물론 이들 역시 다방면에 능한 문신들로 활자를 만드는 데 도움이 될 수 있었을지도 모르지만 굳이 이들이 필요했을 것 같지는 않다. 왜 세종은 이런 엉뚱한 인물들을 인쇄 활자 만드는 일에 투입했을까? 뒤에서도 설명하겠지만 세종은 이런 식으로 일하는 것을 좋아했다. 엉뚱한 사람들을 참여시켜 생각지도 못한 창조적인 생각을 이끌어내기 위해서였다. 그들을 통해 전문가들의 생각을 언박싱하고자 한 것이다.

김빈과 이순지는 활자 주조에 대한 기술적인 자문을 하기보다는 독자 입장을 대변했을 가능성이 높다. 당시 세종은 중국 역사에 관심이 깊었다. 그것을 통해 사서삼경四書三經 같은 유교 경전이 주지 못하는 실질적 교훈을 얻고자 했다. 그는 역사서를 만들어 신하들에게도 읽히고 싶었다. 그러니 어떤 모양으로 역사서를 찍어낼지에 관심이 많았을 것이다. 세종은 천문학과 수학에도 관심이 많았다. 이들을 통해 하늘의 조화를 예측해 조선의 만성적 가뭄을 해결하길 원했다. 그에 관련된 책을 만들기 위해 수학이나 천문학에 필요한 각종 기호나 그림들이 제대로 인쇄되는지도 알고 싶었을 것이다. 김빈과 이순지는 이천이나 장영실, 정척 등에게는 성가신 존재였을 것이다. 역사나 천문학 관련 글이 인쇄되는 방식에 대해 꼬치꼬치 지적했을 가능성이 크기 때문이다. 세종의 뜻은 이들의 엉뚱한 생각도 반영해서 연구해보라는 것이었다. 자신과는 다른 세상을 보는 사람들의 생각을 들어보고 일상적인 생각을 뒤집어보라는 뜻이다. 세종 시대에 만들어진 창조적 산물의 대부분은 이런 식으로 만들어졌다. 세종이 아이디어를 내 국책 사업을 만들고 이를 위해 당대 최고의 전문가들을 모으되 엉뚱한 사람들을 포함시켰다. 자신이 의사결정을 할 때도 마찬가지였다. 세종의 의사결정 과정을 살펴보면 의제와 상관이 없어 보이는 사람들도 토론에 참여시킨 것을 알 수 있다. 그리고 듣기 지루하고 짜증스러운 말도 끝까지 들으려고 노력했다. 가능한 한 다양하고 때로는 엉뚱한 생각까지도 필요하다는 생각에서였다. 이런 과정을 통해 하나의 결론에 이르면 자신의 처음 생각도 과감히 버렸다. 세종은 자기 생각에 다른 사람들의 생각을 얹고 수정하는 것, 즉 생각 위에서 생각하기가 자기 혼자 생각하는 것보다 훨씬 창조적이 될 수 있음을 깨달은 리더다. 이 것을 통해 그는 생각을 언박싱할 수 있었고, 이는 조선의 창조 절정 시대를 여는 동력이 되었다. 이 책에서는 세종의 이런 모습을 설명하고자 한다. 세종은 생각 위에서 생각하기를 통해 어떻게 생각을 언박싱할 수 있었을까? 요약하자면 다음과 같다.

생각 다양성 확보하기
같은 생각을 하는 사람들끼리 아무리 많은 이야기를 해봐야 생각을 언박싱할 수 없다. 이것을 벗어나려면 다른 생각 재료가 필요하다. 이것이 생각 박스에 부딪혀 박스를 허물어뜨리게 해야 한다. 세종은 이것을 알았다. 이를 위해 그는 두 가지 조치를 취했다. 먼저 기존 관료들과는 다르게 생각하는 집단을 구성했다. 집현전 학자들이 여기에 해당한다. 두 번째로 그는 자신과 신하들의 사고의 폭을 넓히기 위해 지속적으로 노력했다.

생각 섞어 전체 보기

사람들은 다들 자신만의 조각 정보를 가지고 있다. 세종은 이 조각 정보를 섞어서 보면 완벽하지는 않더라도 그림 전체를 볼 수 있다고 생각했다. 그림 전체를 조망할 수 있으면 생각을 언박싱할 수 있는 가능성이 커진다.

생각 증폭하고 통합하기

생각을 언박싱하려면 의사결정의 순간마다 더 많은 정보를 만들 필요가 있다. 창조적 의사결정은 단순히 각자가 가진 정보를 공유한다고 해서 일어나는 현상이 아니다. 순간순간 서로 다른 생각이 부딪치는 과정이 있어야 한다. 이것을 창조적 갈등이라고 한다. 이것이 있어야 기존의 박스 사고에서 벗어날 수 있다. 세종은 이 점을 알았다. 그의 방법은 의도적으로 찬성과 반대를 부딪치게 만드는 것이었다. 찬반이 팽팽해지면 서로 자기주장을 뒷받침하기 위해 온 갖 정보를 증폭시킨다. 심지어 모순된 의견도 대두된다. 세종은 이 방식을 스트레스로 받아들이지 않았다. 철저히 즐겼다. 그리고 이 들을 통합해 전혀 생각지도 못했던 기발한 아이디어를 만들어냈다.

생각 몰지 않기

생각을 언박싱하려면 리더는 자신과 다른 사람의 생각을 한 방 향으로 몰고 가서는 안 된다. 생각을 한 방향으로 몰고 가는 행위 를 선택적 점화라고 하는데, 의도적으로 또는 자기도 모르게 자신 과 주위 사람들의 생각을 조종하는 것을 말한다. 선택적 점화 행위 중 가장 위험한 것은 화를 내는 것이다. 부하 직원들은 리더의 의 중을 알기 위해 끊임없이 노력한다. 리더가 화를 낼 때 부하 직원들 은 리더의 마음을 확실히 알아챈다. 그리고 리더의 입맛에 맞는 말 만 골라서 하게 된다. 이렇게 되면 리더는 물론이고 부하 직원들도 집단적으로 박스 사고에 빠지게 된다. 세종은 이것을 경계했다. 그 는 역사적으로 화를 매우 적게 낸 왕 중 한 명이었다. 그렇다고 화 를 전혀 안 낸 것은 아니었다. 다만 화를 낼 때는 전략적으로 냈다.

생각의 목적 상위에 두기

리더가 생각을 언박싱하려면 생각의 목적을 자신이나 소수 집단이 아닌 전체의 이익에 두어야 한다. 생각이 상위에 있을수록 리더 역시 세상을 크고 넓게 볼 수 있다. 이런 마음이 조직 구성원들에게 전달돼야 이들의 열정도 끌어낼 수 있다. 세종은 의사결정을 할 때 항상 상위 목적을 염두에 두었다.

다섯 가지 행동 중 처음 세 가지는 리더가 생각을 언박싱하는 핵심 프로세스다. 뒤의 두 가지는 이 프로세스가 원활히 진행되도록 하기 위해 리더가 지켜야 할 전제 조건이다. 생각을 몰게 되면 생각 다양성 확보하거나 생각 섞어 전체 보기, 그리고 생각 증폭하고 통합하기가 무의미해진다. 생각의 목적이 자신이나 소수 집단의 이익을 향해 있으면 다양한 목소리는 거추장스러워지고 그림 전체를 봐야 할 이유도 없어진다. 더구나 반대 의견에 귀 기울이기는 더욱 어려워진다. 이 다섯 가지 행동들을 살펴보는 것이 이 책의 목적이다. 이를 통해 현시대를 사는 리더들이 어떤 행동을 해야 창조적 리더십을 발휘할 수 있는지에 대한 단서를 얻고자 한다.

2

리더의 박스 사고

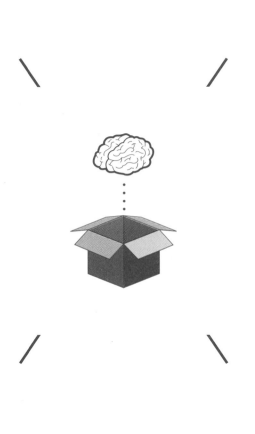

1. 리더의 박스 사고와 함정

　1장에서 말했듯이 사람들은 자신만의 생각 박스 안에서 생각한다. 박스의 정체는 개인이 가지고 있는 경험이다. 이 경험이 매우 좁고 딱딱할 때 문제가 일어난다. 개인이 이런 사고에 빠지면 자신만 피해를 보니 큰 문제가 없다. 하지만 리더가 이 사고에 갇히면 문제가 커진다. 자신은 물론이고 함께 일하는 다른 사람들에게 치명적인 악영향을 미치기 때문이다. 리더가 좁고 딱딱한 사고를 하면 조직원들도 함께 이 사고에 빠지게 되는데, 이것을 '조직 사고의 석회화'라고 한다. 리더의 생각 박스 속에 조직원들의 생각을 가둠에 따라 이들의 생각도 좁고 단단하게 변하는 현상이다. 똑똑하고 유능한 리더들에게도 이런 일이 종종 일어난다. 리더는 박스 사고에 왜 갇히게 될까? 다음의 네 가지 함정에 빠지기 때문이다.

성공 함정

과거에 자기가 이룬 성공에서 빠져나오지 못하는 함정을 말한다. 대부분의 리더들은 성공 경험을 가진 사람들이다. 그 성공이 그들을 리더의 위치에 올라가게 해주었을 것이다. 그런데 이 성공 경험이 리더들을 생각의 오류에 빠지게 만들기도 한다. 미국의 〈포브스Forbes〉 잡지는 미국 주요 기업들의 실패가 리더와 관련되어 있음을 조명하여 '실패하는 리더들의 일곱 가지 습관'이라는 제목의 글을 실었다.[5] 그 습관 중에 '과거의 성공에 지나치게 집착하기'와 '자신이 모든 답을 알고 있다고 생각하기'가 있다. 이런 습관을 가진 사람들은 자기 생각 안에 다른 사람들의 생각을 가둘 뿐만 아니라 본인의 의견에 반대하는 사람을 쫓아내는 특징이 있다.

MF 글로벌MF Global이라는 미국의 대형 선물 중개 회사가 있었다. 자산이 424.6억 달러에 이르는 엄청난 회사였다. 이 회사가 망했는데 그 이유가 존 코자인Jon Corzine이라는 CEO 때문이었다. 코자인은 유럽의 재정 위기에도 불구하고 유로존 국가의 국채에 엄청난 투자를 했다. 그는 자신감으로 충만했다. 과거에 역경을 이겨내고 성과를 올렸던 기억에 젖어 있었다. 그의 결정에 대한 내부의 반대가 하늘을 찔렀다. 하지만 그는 이런 목소리를 모두 묵살했다. 자신보다 채권 투자를 더 잘 아는 사람은 없다고 생각했기 때문이다. 그는 채권 투자에 대한 대부분의 주문을 자신이 실행했다. 불행히도 유로존 국채들은 폭락했고 회사도 문을 닫게 되었다.

　유사한 예를 론 존슨Ron Johnson에게서도 찾아볼 수 있다. 그는 JC 페니JCPenney라는 미국의 유명 백화점을 망하게 한 장본인으로 유명 하다.[6] JC페니는 2008년 금융 위기로 경영이 악화되자 2011년, 애 플 출신의 존슨을 새로운 CEO로 임명했다. 그는 애플스토어를 성 공시켜 일약 유통업계의 미다스의 손으로 떠올랐던 인물이다. 그 는 애플에서 성공했던 방식을 JC페니에 그대로 적용했다. 우선 모 든 할인 판매 전략을 버렸다. 매장에는 고급 제품을 투입했다. 저가 소비자를 정리하고 중산층 이상의 소비자를 끌어들이고자 했기 때 문이다. 이 전략은 대실패로 끝났다. 서민에게 고품격의 경험을 선 사하는 백화점이라는 JC페니의 이미지를 너무 빨리 무너뜨린 것이 원인이었다. JC페니에서 페니는 '푼돈'을 의미한다. 그만큼 이 백화 점은 서민에게 다가서겠다는 이미지가 강했다. 옛날 이미지는 그대 로 두고 고가·고급화 정책을 들고나오자 기대했던 중산층 이상의 고객은 오지 않고 서민 고객이 떠나는 이상한 백화점이 돼버렸다. 손실이 눈덩이처럼 불어났다. 전략 실패로 존슨은 쫓겨났다. 존슨 의 실패 원인은 무엇일까? 애플에서의 성공 경험이었다. 그때의 성 공으로 그는 자신을 과대평가했다. 주위에서도 칭송이 자자하자 그 는 자신이 손대면 안 되는 일이 없다는 착각에 빠졌다. 이것을 성 공 함정이라고 한다. 이렇게 되면 다른 사람들의 의견은 아예 들리지 않는다. 오히려 다른 의견을 말해주는 사람들을 미워하고 자기 주위에서 축출한다. 이런 예는 GMGeneral Motors의 전前 CEO에게서도 발견된다. 로저 스미스Roger Smith는 1949년 경리 사무원으로 입사해 1981년 회장직에 오른 사람이다. 회사 내부에서는 전설적 인물이었다. 그가 GM의 회장이 될 당시 회사는 각종 소송에 시달렸고 품질 문제가 심각했으며, 노사 분규와 시민들의 데모가 끊이지 않았다. 시장 점유율은 일본 회사들에 빠른 속도로 침식되고 있었다. 이런 상황에서 회사를 회생시키기 위해 과감한 변화 전략을 구사한 사람이 바로 스미스였다. 그는 트럭, 버스, 미니밴과 관련한 사업 부문들을 하나로 통폐합했고, 일본 자동차 회사와 새로운 합작 회사를 설립했다. 또한 자동차 브랜드별 개별 사업부(쉐보레, 폰티악, 올즈모빌, 뷰익, 캐딜락)가 자율적으로 사업을 운영하는 방식이 비효율적이라고 생각해, 이들이 중앙 본부의 지시를 받도록 전환했다. 그는 GM10 프로젝트를 시도했다. 쉐보레, 폰티악, 올즈모빌, 뷰익의 기존 중형차 생산 라인을 폐지하고 이들이 동일한 중형차를 생산하게 했다. 이런 조치들에 대한 내부 반발은 엄청났다. 그는 그러한 의견에 귀 기울이지 않고, 자신에게 반대하는 주위 사람들을 쫓아내기 시작했다. 결국 그가 야심차게 내놓은 GM10 프로젝트는 참담한 결과로 이어졌고, 그의 혁명적 조치는 모두 실패로 끝났다. 스미스는 그렇게 GM 회장직에서 물러났다.[7]

자기도취 함정

성공 함정과 밀접한 관련이 있는 것으로 자기도취 함정이 있다. 자신을 객관적으로 보지 못하고 스스로에게 취하는 함정을 말한다. 성공을 이룬 리더들은 종종 자신이 최고라는 긍정 환상에 빠지게 된다. 자기가 다른 사람들보다 똑똑하다고 착각하는 현상이다. 이런 환상에 빠지기 쉬운 리더십 유형이 있다. 카리스마적 리더다. 카리스마에는 '신이 준 능력을 가진'이라는 의미가 있다. 이 능력을 바탕으로 다른 사람들에게 비전을 제시하고 변화를 끌어내는 열정적인 힘을 가진 사람을 카리스마적 리더라고 한다. 많은 사람들은 다른 사람들이 자신을 카리스마적 리더로 평가해주기를 바란다.

하지만 카리스마적 리더에게는 치명적인 단점이 세 가지 있다. 하나는 카리스마적 리더가 도덕적 자질이 부족할 경우 엄청난 문제가 된다는 점이다.[8] 대표적 인물이 제2차 세계대전을 일으킨 독일의 아돌프 히틀러Adolf Hitler다. 우버Uber 창업자 트래비스 캘러닉Travis Kalanick도 비슷한 경우다. 캘러닉은 주차장에서 놀고 있는 차를 스마트폰으로 운전기사와 함께 부른다는 아이디어를 실현해 시가 총액 50조 원의 회사를 만든 장본인이다. 그는 자신감으로 가득 찬 인물이었고 추진력과 통솔력이 남다르게 뛰어났다. 업무와 관련된 지식도 따라올 자가 없었다. 그는 우버 내에서 강력한 카리스마를 보여주고 있었다. 그런데 이 카리스마가 잘못 사용되기 시작했다. 자신의 비즈니스를 위해서라면 사회 규범을 어지럽히는 일도 서슴지 않게 된 것이다. 우버 기사가 경찰을 따돌릴 수 있는 앱을 개발했고, 사람들의 동선에 대한 빅데이터를 이용해 우버에 비판적인 정치인과 언론인을 감시했으며, 동선 추적 프로그램을 이용해 고객 정보를 빼냈다. 경쟁 회사에 수백 번의 가짜 호출을 한 뒤 갑자기 취소하는 비윤리적 행동도 서슴지 않고 했다. 직원이 상사의 성추행을 고발했을 때 그 상사가 우수 사원이라는 이유로 이를 묵살하기도 했다. 우버 차량을 타서는 기사에게 욕설을 하기도 했는데, 이 동영상이 공개돼 파문을 일으키며 그의 비상식적인 행동이 드러났다. 캘러닉은 이 일로 결국 우버 회장 자리에서 물러났다.[9]

카리스마적 리더의 또 다른 문제는 자기도취에 빠지기 쉽다는 것이다. 자기도취적 리더가 되면 사람들은 자기 사랑에 빠지고 자기 우월감에 취하며, 타인의 말을 쉽게 오해해 자신에게 도전한다고 생각하게 된다. 자기에게 강한 권력이 있다고 인식하는 리더들에게서 종종 나타나는 현상이다.[10] 이런 변질을 보여준 사람이 바로 나폴레옹 1세 Napoleon I 다. 그는 1795년 프랑스 혁명 속 혼란기에서 왕당파 봉기를 진압하면서 역사의 전면에 떠오른 인물이다. 그는 오스트리아와의 전투와 이집트와의 피라미드 전쟁에서 대승을 거두며 국민적 영웅이 되었다. 나폴레옹은 1799년 쿠데타에 성공했고 1804년 국민 투표를 통해 프랑스 황제가 되었다. 하지만 그의 영웅적 리더십은 여기까지였다. 유럽 국가들의 입장에서 보면 그는 전쟁광이었고 프랑스 국민 입장에서 보면 말도 안 되는 전쟁을 벌이는 골칫덩어리였다. 그가 이렇게 된 이유는 자기도취 때문이었다. 나폴레옹만큼 멋진 명언들을 남긴 사람은 드물다. "내 사전에는 불가능이란 없다"는 빙산의 일각이다.[11] 그는 다음과 같은 말도 했다.

> "나보고 종교를 고르라고 한다면, 세상 모든 삶의 시초가 되는 태양이 나의 신이라 할 것이다."

> "죽는 것은 아무 것도 아니다. 하지만 패배 속에서 불명예스럽게 사는 것은 매일 죽는 것과 같다."

> "어떤 일이 잘되길 바란다면, 당신이 직접 하라."[12]

나폴레옹의 말을 보면 그의 대단한 기개를 엿볼 수 있다. 하지만 다른 한편으로는 자기 자신에 대한 엄청난 환상이 있다는 것도 발견할 수 있다. 첫 번째 말에서는 자기가 신봉하는 신은 태양이고 그것이 곧 자신이라는 생각을 읽을 수 있다. 두 번째 말을 보면 그는 지는 삶을 너무나 싫어했고 불명예로 여겼음을 알 수 있다. 이것은 비단 전투에서 지는 것만을 뜻하는 것이 아니다. 나폴레옹은

다른 사람들과의 언쟁에서 지는 것 또한 싫어했다. 세 번째 말은
자신이 다른 사람들보다 뛰어나다는 의미를 담고 있다. 그는 매우
자기 의존적이었다. 나폴레옹의 이런 마음은 다음의 말에서 절정
을 이룬다.

"나 자신을 뛰어넘을 사람은 나 자신뿐이다."

1815년 나폴레옹은 워털루 전투에서 영국, 네덜란드, 프로이센
연합군에게 패해 세인트 헬레나섬에 유배된 후 인생을 마감했다.
패배의 이유를 역사학자들은 나폴레옹에게서 찾았다. 자신에 대한
환상에 빠진 나폴레옹은 모든 결정을 내릴 때 자신의 생각에만 의
존했고 자기 말에 반기를 드는 사람들에게는 가혹했다. 자연스럽게
똑똑한 사람들이 곁을 떠났고 무능한 부하들만 남았다. 결국 군을
지휘할 인재가 고갈되었다. 워털루 전투에서 장군들은 나폴레옹의
예상과는 전혀 다른 엉뚱한 짓들을 했고, 그렇게 나폴레옹은 몰락
했다.

카리스마적 리더의 마지막 문제는 폭력적으로 변하기 쉽다는 것
이다. 러시아 차르(황제) 이반 4세Ivan IV가 그런 인물이다. 그의 별명
은 뇌제雷帝, 다시 말해 벼락을 치는 황제였다. 뇌제라는 단어에는
이중적 의미가 있다. 엄청난 카리스마로 무장한 황제라는 의미와

폭군이라는 의미가 동시에 담겨 있다. 1547년, 17세의 나이에 이반 4세는 황제로 즉위했다. 초기에 그는 매우 현명한 왕이었다. 국가 행정 조직과 군 조직을 효율적으로 정비했고, 중앙 귀족, 지방 귀족, 성직자와 상인들을 대표로 하는 전국 회의체를 만들기도 했다. 이런 국가 혁신을 바탕으로 카잔 등 몽골 세력의 거점을 점령해 이들이 더 이상 러시아 영토를 침탈하지 못하게 했다. 과거 이 몽골 세력은 국경을 넘어 러시아인들을 납치해 노예로 파는 등 러시아에 막심한 피해를 입혔다. 이들을 저지하자 이반 4세의 인기와 그에 대한 존경심이 하늘을 찔렀다. 그런데 어느 날 그가 돌변했다. 아내가 30세의 나이로 사망한 후부터였다. 귀족들이 자기 아내를 독살했다고 의심한 그는 귀족들을 무자비하게 죽였다. 또한 그는 비밀경찰 조직을 만들어 국민을 공포 속으로 몰아넣었다. 많은 사람이 체포되었고 그들의 가족이 사라졌다. 죽이는 방법은 그야말로 잔인했다. 십자가형은 아주 가벼운 축에 속했다. 팔다리 절단, 살가죽 벗기기, 솥에 삶기, 화약통 위에 사람을 앉히고 폭발시키기 등을 자행했다. 심지어 자신의 친아들도 죽였다. 임신한 며느리의 옷이 단정하지 못하다고 야단치다 아들이 대들자 쇠몽둥이로 내리쳐 죽인 것이다. 그는 사람이 죽어가는 광기 어린 향연을 즐겼다. 이반 4세는 54세의 나이로 갑자기 사망했다. 그러자 강성했던 그의 국가는 급속히 쇠락하기 시작했다. 능력 있는 첫째 아들이 죽자 병약하고 천

자기도취적 리더가 사용하는 말	부하 직원들이 사용하는 말
너희가 뭘 알아?	죄송합니다.
감히 나를 가르치려 해?	제가 부족한 것이 많아서….
내가 하는 걸 잘 봐둬.	네, 앞으로는 고치겠습니다.
시키는 일도 제대로 못 해?	우리는 시키는 대로 하기만 하면 되지.
내가 할 때는 그렇게 안 했어.	위에서 알아서 할 테니 걱정하지 마.

치 수준에 가까운 아들들이 국가를 물려받았기 때문이다.[13]

자신이 자기도취 함정에 빠졌는지 어떻게 알 수 있을까? 자신이 하는 말을 보면 알 수 있다. "너 이 바닥에서 몇 년 일해봤어?", "네가 나보다 더 많이 알아?", "감히 네가 나를 가르치려고 해?"라는 말들을 사용하거나 이와 비슷한 생각을 마음에 가지고 있는 리더들은 모두 자기도취 함정에 빠진 사람들이다. 이런 리더 밑에서 일하는 사람들이 공통적으로 사용하는 말이 있다. "죄송합니다"이다. 리더의 성향을 아는 부하 직원들이 위기를 빨리 모면하고자 하는 말이다. 이런 말이 반복될 때마다 리더는 일종의 희열을 느낀다. 이것을 통해 자신이 카리스마를 가진 리더라고 착각하며 즐거움을 느끼기 때문이다.

주도성 패러독스 함정

주도성 패러독스 함정은 부하 직원이 주도적으로 일할 때 오히려 불안을 느끼거나 자신이 소외되어 있다고 느끼는 함정을 말한다.[14] "알아서 마음대로 한번 해봐"라고 해놓고서는 정작 부하 직원이 그렇게 일하면 갑자기 서운해지면서 "그래도 보고는 해야지", "아이디어가 생기면 상의는 해봐야 하는 거 아니야?"라고 화를 내는 것이다. 자신이 일의 주도권에서 멀어졌다고 생각하는 순간 나타나는 리더의 행동이다.

이 주도성 패러독스로 인해 고생을 한 사람이 있다. 바로 광해군이다. 그는 아버지 선조의 주도성 패러독스로 인해 어려움을 겪었다. 선조는 영명한 왕으로 평가받는다. 하지만 그에게는 커다란 약점이 있었다. 선대왕들과 달리 서자 출신이라는 점이었다. 그런데 왕위를 이을 광해 역시 서자 출신이었다. 서자 출신이라는 꼬리표 때문에 평생 심한 열등감에 시달렸던 선조는 광해에게 왕위를 물려주고 싶지 않았다. 하지만 광해는 임진왜란 당시 민심을 돌리는 데에 크게 이바지한 인물이다. 그는 임진왜란으로 패색이 짙었던 조선의 운명을 돌리는 데에 큰 역할을 했다. 바다에서는 이순신이 조선의 운명을 돌리고 있었을 때 육지에서는 광해군이 이런 변화를 만들고 있었다. 임진왜란 초기로 돌아가 보자. 부산포가 함락된 후 20일 만에 한성이 왜군에게 함락되었다. 이것이 임진왜란의 시작이다. 그러자 선조는 급히 식술들과 가신들을 이끌고 평양성으로 도망쳤다. 하지만 평양성도 곧 위기에 봉착했다. 이때 선조는 의주로 갈 생각을 했다. 떠나는 날 비가 엄청나게 왔다. 이날 광해는 선조가 미루고 미루었던 세자 책봉을 받았다. 마음이 급해진 선조가 분조分朝라는 기가 막힌 전략을 들고나왔기 때문이다. 국가의 권력을 둘로 나누되 전쟁 수습의 의무를 광해군에게 맡겼고 자신은 군권과 외교권을 가졌다. 의주에 가서 명나라의 도움을 받으면 전쟁에서 이길 수 있을 거라 생각했기 때문이다. 이때 광해의 나이 18세였다. 지금으로 치면 고등학교 3학년의 나이이다. 그런데 놀라운 일이 벌어졌다. 광해가 적진을 뚫고 다니면서 조선 왕조가 죽지 않았음을 알리자 백성들이 뜻을 합쳐 일어서기 시작했다. 이들은 일본군이 급하게 진군하느라 약해진 보급선을 차단하면서 승기를 잡아가기 시작했다. 이 과정에서 신하들과 국민들이 광해의 역량을 재발견했다. 왕이 되고도 남을 재목이라 여기게 된 것이다. 문제는 그다음에 일어났다. 광해의 활약으로 인해 자신의 입지가 약화되자 선조는 일종의 생떼를 부리기 시작했다. 이것이 소위 말하는 양위 파동이다. 왕권을 세자에게 물려주겠다는 마음에도 없는 말을 임진왜란 7년 동안 열다섯 번에 걸쳐서 했다. 선조가 이런 행동을 보이면 광해는 전투가 한창인 전선을 뒤로하고 의주로 올라가 양위의 뜻을 거두어달라며 무릎 꿇고 조아려야 했다. 선조의 이런 행동이 주도성 패러독스다. 내가 주도하지 않으면 리더로서의 체면을 잃는다는 그의 좁은 박스 사고는 자신과 세자가 국난 극복에 집중하지 못하게 하는 결과를 낳았다.

유사성 함정

비슷한 생각을 하는 사람들에게 둘러싸이기를 좋아하는 함정을 말한다. 리더가 자신과 생각이 비슷하거나 무언가 연결고리가 있는 사람, 즉 유사성이 높은 사람들을 주위에 두는 것이다. 사람들이 리더를 담처럼 둘러싸고 있는 '인의장막'이라는 현상이 유사성 함정의 극단적 예다. 왜 인의장막이 생길까? 주위 사람들이 리더를 일부러 둘러싸서 그렇게 되는 걸까? 아니다. 인의장막은 리더가 스스로 만드는 것이다. 리더가 주위에 자신과 생각이 비슷한 사람들을 자기도 모르게 둘러놓는 것이다. 이 함정은 어떻게 만들어질까? 예를 하나 들어보자. 만일 어떤 리더가 자기가 보기에 그럴듯한 생각을 하나 했다고 가정하자. 그렇다고 해도 이를 바로 실행하는 사람은 없다. 누군가에게 물어 확인하고 싶어 한다. 어떤 임원은 매우 좋은 아이디어라고 치켜세운다. 그러면 리더는 기분이 좋아진다. 여기에 자신을 얻어 다른 임원에게도 물어본다. 그런데 이 임원의 반응은 시큰둥하다. 심지어 위험한 아이디어라고까지 한다. 리더는 기분이 나빠진다. 그리고 마음속으로는 '잘 알지도 못하면서…'라고 생각하며 부정적 감정을 갖는다. 이 리더에게 또 다른 아이디어가 생겼다고 하자. 이 사람은 어떤 행동을 할까? 마찬가지로 자기 생각을 다른 사람에게 확인한다. 그런데 재미있게도 전에 자기 생각에 찬성했던 임원에게만 묻는다. 비판적인 생각을 가졌던 임원에게는 절대 묻지 않는다. 이런 일이 생기면 부하 직원들이 리더의 마음을 읽게 된다. 이들의 눈에 어떤 임원은 찬밥 취급을 당하고 어떤 임원은 대접받는 것이 보이기 때문이다. 이유를 추론한 결과 리더가 의견을 물었을 때 긍정적으로 대답한 임원과 그렇지 않은 임원 간에 차이가 있음을 알게 된다. 이때부터 리더의 주위는 듣기 좋은 말만 하는 사람들로 채워지게 된다. 이게 리더가 만드는 인의장막이다. 이렇게 되면 리더는 생각의 다양성을 잃는다. 이것이 바로 유사성 함정이다.

유사성 함정이 위험한 이유는 생각을 위한 정보 탐색 거리가 짧아지기 때문이다. 이것을 근거리 탐색이라고 한다. 자신과 비슷한 주위 생각에 의존하는 것을 말한다. 새로운 생각이 나도 자신에게 호의적 태도를 보이는 사람들에게만 물어보니 결론적으로 자신과 생각 차이가 별로 없고 그 생각이 그 생각이다. 창조성은 원거리 탐색에서 온다. 멀리 있는 생각을 가져다 붙이는 것을 말한다. 힘은 들지만 이런 생각을 할 줄 알아야 하는데 유사성 함정은 이것을 철저히 막는다.

2. 리더의 박스 사고가 불러오는 조직 현상

네 가지 함정으로 인해 리더가 박스 사고에 빠지면 조직은 필연적으로 영향을 받게 된다. 리더의 박스 사고는 조직 내에서 다른 누구의 박스 사고보다 큰 파급력을 가지며, 조직을 잘못된 방향으로 이끈다. 안타깝게도 이는 한국의 많은 기업에서 볼 수 있는 현상으로, 이러한 현상이 나타나지 않도록 주의하되 이미 나타나고 있다면 하루빨리 조치를 취해야 한다.

조직적 침묵

조직 내부에서 심각한 문제가 벌어져도 아무도 이에 대해 말하려고 하지 않는 현상을 말한다. 조직이 병들 때 나타나는 심각한 현상이다. 이것의 원인은 리더에게 있다.[15] 극단적으로 조직 침묵에 빠진 기업을 본 적이 있다. 그 기업을 방문했는데 임원이 이런 말을 했다. "우리 회사를 한마디로 표현하면 언즉필言則必, 언즉행言則行, 언즉손言則損입니다." 말씀 언言과 곧 즉則에 반드시 필必, 행할 행行, 그리고 손해 볼 손損을 결합한 말이었다. 무슨 말인지 알 수 없어 뜻풀이를 부탁했다. 내용은 이러했다. "우리 회사에서는 이게 잘못됐고 저게 잘못됐다고 말을 꺼내면 반드시 문제 해결을 하긴 하는데(언즉필), 말을 꺼낸 사람이 그 일을 합니다(언즉행). 아시다시피 문제를 해결하려면 여러 사람의 도움이 필요한데 지적하는 사람이 미워 위에서 아무도 도와주지 않습니다. 당연히 일이 잘 진행되지 못합니다. 그러면 말한 사람에게 책임을 묻습니다. 결국 말을 꺼낸 사람은 반드시 손해를 보는 것이(언즉손) 우리 회사입니다." 이런 일이 반복되다 보니 자기 회사에서는 나서서 말을 하고 행동하는 사람이 없다고 했다. 이런 현상이 조직적 침묵이다.

조직적 침묵이 나타나면 조직 내부에서 말을 할 수 있는 사람은 단 한 명뿐이다. 바로 리더다. 이 경우 보통 부하 직원들은 수첩을 들고 열심히 적는다. 이런 병을 앓고 있는 조직의 끝을 GM이 보여주었다. 미국의 거대 자동차 회사인 GM은 정부의 막대한 자금이 들어가고서야 간신히 회생한 회사다. 이 원인 중 하나가 조직적 침묵이었다. 이 회사에서는 '문제problem'나 '결함defect', '안전safety' 같은 단어를 쓰지 않도록 교육시켰다. 위 단어 이외에도 '타이타닉

Titanic,' '폭발explode', '파멸의catastrophic' 등과 같은 단어는 말을 할 때도, 보고서를 쓸 때도, 그리고 이메일을 할 때도 쓰지 못하게 되어 있었다.[16] 타이타닉은 침몰한 호화 크루즈를 말한다. 폭발이나 파멸이라는 단어에도 부정적인 의미가 있다. 이렇게 금지된 단어가 69개나 있었다. GM은 이런 단어를 쓰는 사람을 회사가 망하라고 기도하는 사람으로 간주했다. 이런 단어를 쓰면 눈총을 받아 잘린다는 소문이 조직 내부에 가득했다. 그러다 보니 결함이 있어도 이를 지적하는 사람이 없었다. 결과는 엄청난 재앙으로 이어졌다. 점화 스위치에 결함이 있다는 것을 알고도 아무도 문제를 제기하지 않았다. 이로 인해 GM은 9억 달러에 이르는 리콜을 단행해야 했다. 엄청난 손실을 보고서야 GM은 이 문화를 바꿨다.

학습된 무기력

주위 사람들이 무능해지고 무기력해지는 것을 말한다. 리더의 박스 사고가 심해지면 구성원들은 '학습된 무기력' 또는 '무능'을 경험하게 된다.[17] 학습의 목적은 사람을 유능하게 만드는 것이지만 사람들은 살아남기 위해 자신을 무기력하거나 무능하게 만들기도 한다. 이것을 잘 설명해주는 이야기가 있다. 이 세상에서 점프를 가장 잘하는 생물은 벼룩이다. 몸길이가 2~4밀리미터밖에 되지 않는 벼룩은 30센티미터 정도는 우습게 뛴다. 벼룩 몇 마리를 20센티미터

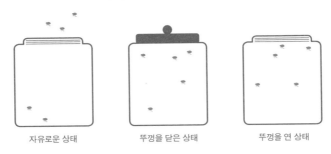

〈그림 2-1〉학습된 무기력

자유로운 상태   뚜껑을 닫은 상태   뚜껑을 연 상태

높이의 유리병에 넣는다. 당연히 이들은 유리병 밖으로 뛴다. 그러고 나서 뚜껑을 닫는다. 이것을 모르는 벼룩들은 예전처럼 높이 뛰려다가 뚜껑에 부딪혀 떨어지고 만다. 이렇게 머리를 몇 차례 부딪히게 내버려 둔다. 일종의 벌을 받게 하는 것이다. 그런 후 뚜껑을 연다. 어떤 일이 벌어질까? 이 벼룩들은 절대 유리병을 넘어서 점프하지 않는다. 그 이상을 넘으면 머리를 부딪혔던 기억 때문이다. 원래 30센티미터 정도는 뛸 수 있는 벼룩이 뚜껑 효과로 인해 20센티미터밖에 뛰지 않는다. 이것이 무엇을 의미하는가? 벼룩이 자신의 생존을 위해 10센티미터만큼의 능력을 스스로 버렸음을 의미한다.(〈그림 2-1〉)

이런 일이 조직에서도 일어난다. 어떤 리더들은 조직원들이 무능하다고 불평한다. "아무리 창조적인 아이디어를 내라고 해도 조직원들이 그러질 못합니다." 이렇게 된 원인이 무엇일까? 이미 오랫동

안 조직원들은 리더라는 뚜껑을 경험하면서 리더가 싫어할지도 모르는 생각은 하지 않도록 길들여졌기 때문이다. 리더는 어떻게 뚜껑을 씌울까? 창조적인 아이디어를 내보라고 하고서 "그것도 아이디어냐?"라고 핀잔을 주는 게 그 예다. 이런 식이면 아래에 아무리 앨버트 아인슈타인Albert Einstein이나 토머스 에디슨Thomas Alva Edison 또는 장영실 같은 사람들이 있어도 이들의 창조력을 극대화하기 어렵다. 이런 일이 반복되면 사람들은 생각하기를 멈춘다. 그리고 자기를 스스로 무기력하고 무능하게 만든다.

집단 매몰 사고

리더의 생각에 주위 사람들이 맹목적으로 따르는 것을 말한다. 리더의 박스 사고가 강화되면 사람들은 집단 매몰 사고groupthink [18]에 빠지기 쉽다. 집단이나 조직에 속한 사람들이 하나의 생각에서 빠져나오지 못하는 현상을 말한다. 표면적으로는 만장일치가 되어 일사불란하게 움직이는 것처럼 보이지만 이런 조직에서는 창조성을 기대하기 어렵다. 집단 매몰 사고에 빠진 조직은 다음과 같은 부작용을 경험하게 된다. [19]

- 자신들의 생각이 완벽하다고 생각하며 다른 생각을 거부
- 자신들의 생각을 의문 없이 받아들이는 맹신적 신념 발생

- 조직의 생각을 정당화
- 조직 밖의 사람들을 사악한 사람, 멍청한 사람으로 여김
- 한번 결정이 되면 다른 의견을 말하는 것을 주저하는 자기 검열 발생
- 만장일치로 인한 확신적 착각
- 조직의 의견에 반대하는 사람을 적으로 간주
- 조직의 의견에 반하는 외부 정보에 대한 적개심

집단 매몰 사고가 일어나면 사람들은 새로운 정보를 받아들이기를 거부하면서 다양한 시각으로 전체를 보지 못하는 문제에 빠진다. 그 결과는 조직을 위기로 몰아간다. 버펄로 점프buffalo jump라는 비극이 이것을 말해준다. 캐나다 인디언들이 버펄로라는 들소를 잡을 때 썼던 방법이 있다. 우두머리 버펄로를 이용하는 것이다. 버펄로는 우두머리가 뛰면 무조건 같은 방향으로 뛰는 습성이 있다. 일단 우두머리를 계곡 방향으로 살살 몰고 간다. 몰이길 양옆에는 사냥꾼들이 늑대 가죽을 쓰고 버펄로 무리가 옆으로 새지 못하도록 위협한다. 그렇게 해서 절벽 가까운 곳에 도달하면 사냥꾼들이 일제히 소리를 질러 우두머리를 앞으로 뛰게 만든다. 그러면 다른 버펄로들은 영문도 모르고 우두머리를 따라 전력 질주한다. 맹목적으로 앞을 향해 달린 버펄로들은 속도를 줄이지 못해 점프하듯 떨

어져 치명상을 입게 된다. 우두머리가 추락 전에 절벽을 발견하고 제동을 걸어도 소용이 없다. 뒤에서 500킬로그램이 넘는 버펄로들이 시속 50킬로미터의 속도로 밀어붙이기 때문에 결국 모두 떨어지고 만다. 사냥꾼들은 절벽 밑으로 가 아비규환 속에서 허둥대는 버펄로를 창으로 사냥했다.[20] 캐나다 인디언들은 이 방법으로 버펄로를 한 번에 150여 마리까지 잡았다고 한다. 이런 방식으로 버펄로를 잡는 것을 버펄로 점프라고 한다. 집단 매몰 사고라는 게 별것이 아니다. 일종의 버펄로 점프다. 리더가 주는 신호만 보고 모든 구성원들이 아무 생각 없이 따라가는 것이다. 나중에 누군가 문제를 자각해도 때는 이미 늦었다. 앞으로 달려가던 관성 때문에 정지하기가 쉽지 않기 때문이다. 그렇게 조직이 붕괴하는 것이다.

2부

생각을
언박싱하라

unboxing

3

생각 다양성 확보하기

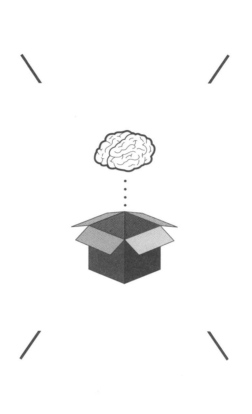

1. 이질적 집단 만들기

리더는 어떻게 생각을 언박싱해 창조적 사고를 할 수 있을까? 주위 사람들의 생각을 통해 생각 위에서 생각할 수 있는 역량을 키우는 것이 핵심이다. 그 첫 번째 단계가 '생각 다양성 확보하기'다. 세종은 이것을 위해 기발한 방법을 생각해냈다. 생각을 다르게 하는 이질적 집단을 만들어낸 것이다. 바로 집현전이다. 세종은 다양한 생각 속에서 의사결정이 이루어지기 위해서는 전혀 다른 생각을 하는 사람들이 있어야 한다고 생각했다. 그래서 도입한 제도가 집현전이고 여기에 신진 학자들을 채우게 된다.

미국에서는 오늘날에도 이 방법을 사용하고 있다. 바로 브레인트러스트brain trust다. 중요한 결정을 할 때 믿고 의견을 구할 수 있는 외부 두뇌 집단을 말한다. 픽사Pixar라는 애니메이션 회사가 사용해 널리 알려졌는데, 미국의 백악관에서 오랫동안 사용되던 것이다. 특히 프랭클린 루스벨트Franklin Delano Roosevelt 대통령이 1930년대 세계 경제 공황 타개 시 적극적으로 활용한 것으로 알려졌다. 이것의 핵심은 기존 사람들과는 전혀 다른 세상을 보는 전문가들을 모아, 이들의 이야기를 진술하게 듣는 것이다. 픽사는 영화 제작 중 어려움에 봉착하면 브레인트러스트를 소집한다. 영화사 내 기존 전문가들과 해당 분야의 외부 전문가들이 참여한다. 대략 다음과 같은 방식으로 진행된다.

해결하고자 하는 이슈에 집중

회의의 목적은 문제 해결이다. 이 회의에서는 진척 상황 보고 같은 것은 다루지 않는다. 철저히 해결해야 할 이슈에만 집중한다.

회의 결과는 조언으로 국한

회의에서 어떤 결론이나 의견이 만들어져도 이것은 조언임을 분명히 한다. 이 조언을 받아들일지 말지는 의사결정자의 몫으로 한다.

다양한 전문가 소집

기능적으로 중복된 사람들이나 현 상황에 익숙한 사람들은 배제

한다. 철저히 다른 시각을 가진 최고의 전문가들을 소집한다.

참가하는 전문가들의 솔직한 이야기에 집중

회의를 소집하면 참가자들은 매우 편안한 환경에서 하고자 하는 모든 이야기를 솔직하게 한다. 서로 반대되는 이야기를 포함해 어떤 이야기도 할 수 있고, 개인적 공격이 아닌 문제 해결 관점에서 서로를 비판할 수 있다.

리더의 중립적 자세

회의의 리더는 철저히 중립적인 태도를 유지한다. 회의 흐름에 영향을 미치는 언급은 자제한다.[21]

브레인트러스트의 핵심은 외부 전문가들을 통해 조직 내부에서는 나올 수 없는 전혀 새로운 생각을 얻는 것이다. 참여한 전문가들은 모두 자유롭게 자신만의 생각을 토해낸다. 이를 통해 창조적 해결 방법을 찾자는 것이다. 브레인트러스트라는 단어는 미국에서 만들어졌지만, 사실 이 방법을 가장 잘 활용한 사람 중 하나는 세종이었다. 집현전 학자들의 기능이 바로 브레인트러스트의 역할이었다. 그런데 세종은 이들에게만 생각을 의존하지 않았다. 행정 내각의 관료들에게도 브레인트러스트와 유사한 역할을 맡겼다. 집현전 학자들과는 다른 종류의 생각 다양성을 확보하기 위해서였다. 집현전 학자들은 행정과는 떨어져 있는 사람들로, 국가 행정을 비교적 객관적으로 그리고 비판적으로 볼 수 있는 눈이 있었다. 하지만 이들은 실무 감각이 떨어졌다. 반대로 행정 관료들은 실무 감각은 있지만 자신들의 이해에 빠져 객관적이지 못했다. 세종은 이 두 집단을 의도적으로 섞고 충돌시켜 생각의 다양성을 최대한 얻고자 했다.

2. 생각 열어주기

서로 다른 집단을 섞는 것만으로 의사결정 참여자들의 다양성을 지속시킬 수는 없다. 동일 공간에서 오랫동안 함께하면 생각이 비슷해지기 마련이다. 특히 세종의 시대는 성리학이 중심이 되던 시절이었다. 그러다 보니 집현전 학자들이건 행정관료들이건 생각의 중심에는 성리학이 있었다. 신하들은 점차 성리학이라는 좁은 생각에 갇히기 시작했다. 이것을 열어주는 것이 시급했다. 세종은 다음의 네 가지 방법을 사용했다.

터널 시야에서 빠져나오기

한 가지 고정된 시각이 아닌 넓은 시야로 보는 것을 말한다. 터널 시야란 터널 안에서 밖을 볼 때 보이는 세상을 말한다. 터널 안

〈그림 3-1〉 터널 시야

에서 보면 터널이 허락하는 것 이상의 세상을 볼 수 없다. 〈그림
3-1〉을 보자. 왼쪽이 원래 풍경이고, 오른쪽이 터널 시야 현상을 겪
는 사람이 바라본 풍경이다. 불행히도 사람들은 터널 시야에 갇혀
살 때가 많다. 그러면 절대 전체 그림을 볼 수 없다. '우물 안 개구리'
라는 말도 터널 시야와 관련이 있다. 우물 안에서 밖을 보면 결국 볼
수 있는 것은 한정되어 있다. 그렇게 본 것을 가지고 자신이 세상을
다 아는 것처럼 행사하는 사람을 우물 안 개구리라고 한다.

　실록을 보면 세종이 신하들의 터널 시야를 질책하는 장면이 자
주 나온다.

　　경서와 사기는 체와 용이 서로 필요하여 편벽되게 폐할 수
　　는 없는 것이다. 그러나 지금 학자들은 혹시 경서를 연구하
　　는 데 끌려서 사학을 읽지 아니하고, 그 경서를 배우는 자도

혹시는 제가의 주석한 것에만 힘쓰고, 본문과 주자의 집주한 것을 연구하지 아니한다. 주자의 집주는 지극히 자세하게 갖추어졌으므로 한때의 사람들은 지나치게 자세하다고까지 하였다.

— 세종 20년 12월 15일

위 기록에서 세종은 경서와 사기에 대해 설명하고 있다. 경서는 사서삼경이나 사서오경과 같은 유교 경전을 말한다. 원칙과 명분 또는 이상 세계를 가르쳐주는 책이다(위 기록에서는 체體라고 말하고 있다). 이에 비해 역사서인 사기는 현실에서 실제로 일어난 일을 알려주는 책이다(위 기록에서는 용用이라 칭하고 있다). 세종은 전체 세상을 보려면 원리와 실제라는 두 가지 시야를 모두 가져야 한다고 생각했다. 그래서 경서로만 세상을 보는 신하들을 책망한 것이다. 그는 경서를 공부하면서 주자朱子의 생각이 담긴 주석에만 신경을 쓰는 것이 더 큰 문제라고 지적했다. 공자孔子의 원문과 주자의 주석을 동시에 보면서 공부를 해야지 주자의 해석에만 매달리면 경서마저도 제대로 공부할 수 없다는 것이다. 주자의 주석도 틀릴 수 있다는 게 세종의 생각이었다. 종합하면, 세종은 신하들이 세상 전체를 보려고 노력하지 않고 원리 원칙이라는 이상 세계에만 매달려 좁은 터널 시야로 세상을 보고 있다고 책망한 것이다.

터널 시야로 인한 문제를 현대 경영학에서는 의사결정의 오류라는 학문 체계에서 담고 있다. 사람들은 의사결정 시 많은 오류를 범한다. 사람마다 독특하게 가지고 있는 인지 편향cognitive bias 때문이다. 한정된 정보에 기초해 좁게 생각하고 졸속으로 결정하는 것을 말한다. 인지 편향이 생기면 다양한 대안을 생각할 수 있는 능력이 떨어진다. 대표적인 것이 신념 편향belief bias이나 가용성 편향availability bias이다. 신념 편향이란 무언가를 결정할 때 자신이 신념적으로 옳다고 생각하는 특정 기준에만 의존해 결정하는 것을 말한다. 종교적 혹은 이데올로기적 신념으로만 세상을 보는 것이 그 예다. 가용성 편향은 자신이 이용 가능한 정보에만 의존해 판단하려는 성향을 말한다. 신념 편향은 자신이 믿는 것에 생각을 갇히게 하고, 가용성 편향은 주변 정보에만 의존해 전체 세상을 보지 못하게 한다. 이렇게 되면 새로운 정보를 받아들이지 못해 의사결정에 문제가 생기게 된다. 당연히 창조적 사고를 할 수 없다.

세종은 이런 편향에서 벗어나려고 부단히도 노력했다. 이런 그의 성향이 잘 나타난 사건이 있다. 김화라는 사람이 아버지를 살해한 사건이다. 세종 10년(1428년) 김화 사건으로 조선은 충격에 빠졌다. 유교적 이념의 첫 출발점은 아버지와 자식 간의 질서다. 이는 국가 질서의 근간이기도 했다. 이런 상황에서 김화가 아버지를 죽인 것은 조선의 국기國基를 허무는 일로 받아들여졌다. 재미있는 것은 이 사건을 바라보는 세종과 신하들 간의 시각차다. 신하들은 유교적 신념 속에서 이 사건을 바라보았다(신념 편향). 그들은 유학의 이념대로 사건을 처리하려고 했다(가용성 편향). 당연히 아버지를 죽인 자를 일벌백계로 다스려 재발을 방지해야 한다는 대책을 내놓았다. 세종은 이들과 다르게 생각했다. 아버지를 죽인 것에 대한 상황 인식이 더 필요하다는 것이었다. 유교적 견지에서만 보면 김화는 아버지와 아들 간의 기본 질서를 깨뜨린 장본인이었다. 하지만 놀랍게도 세종은 이 사건에 완전히 다른 방식으로 접근했다. 세종은 자신에게도 책임이 있다고 말했다. 이런 일이 벌어지지 않도록 백성들을 충분히 교화하지 못했다는 것이다. 그는 유사 사건을 막기 위해서는 벌만 줄 것이 아니라 국가도 해야 할 일이 있다고 생각했다. 이런 일련의 생각 끝에는 훈민정음 창제라는 민족의 대사건이 연결되어 있다. 백성을 교화하기 위해서는 교육을 제대로 해야 하는데 백성을 교육할 문자가 없음을 깨닫자 세종은 훈민정음 창제에 매달리게 된다.[22] 세종의 생각은 이런 방식으로 진행됐다. 신하들이 유교적인 단선적 생각에 매달릴 때 그는 다양한 시각에서 다차원적 생각을 했다. 세종은 신하들도 이렇게 생각해주기를 바랐다. 경서에만 매달리지 말고 역사서도 읽어 좌우를 모두 살피는 지혜를 가지라고 주문한 이유다.

무리 지어 생각하지 않기

다른 사람의 의견을 좇지 말고 자신만의 의견을 갖는 것을 말한다. 세종이 가장 경계했던 것은 논쟁 없이 무리 지어 의견을 내는 것이었다. 특히 지위 고하로 인해 눈치를 보며 의견을 내는 것에 대한 경계가 강했다. 리더들의 오류는 선택적 점화를 한다는 것이다. 그래서 조직원들의 생각을 한 방향으로 몰고 간다. 세종은 자신도 그럴 수 있으니 왕이 의견을 냈다고 해서 절절매지 말라고 신하들에게 주문했다. 세상이 어려워질수록 왕을 질책하는 한이 있어도 자신의 의견을 내라는 것이었다. 세종은 의견이 있으면 반드시 이에 맞서는 의견도 있어야 한다고 생각했다. 이런 논쟁을 통해 전혀 다른 생각을 떠올릴 수 있게 되고 다양한 눈으로 세상을 볼 수 있다고 생각한 것이다. 세종 7년 12월 8일의 기록에서 세종의 이런 마음을 잘 읽을 수 있다.

> "금년은 여름은 가물더니 겨울은 지나치게 따뜻하다. 12월은 얼음을 저장하는 계절인데, 날씨가 따뜻함이 봄과 같아서 아직 얼음을 저장할 수 없고, 또 어제는 짙은 안개가 끼었으므로 매우 상서롭지 못하다. 가만히 생각하니, 그 허물은 실로 과인에게 있는 것으로서, 장차 재앙이 올 징조가 아닌가 두렵다. 이때 간언을 들어서 하늘의 꾸짖음에 대답하

고자 한다. 지나간 옛날을 두루 살펴보니, 비록 태평한 시대에 있어서도 대신은 오히려 임금의 옷을 붙잡고 강력하게 간언한 자가 있었으며, 또 그 말한 바가 사람의 마음을 두렵게하여 움직이게 함이 있었다. 지금으로 말하면 비록 무사하고 평안하였고 하나, 옛날에 미치지 못함이 분명하다. 그런데 아직 과감한 말로 면전에서 쟁간하는 자를 보지 못하였으며, 또 말하는 것이 매우 절실 강직하지 않다. 어째서 지금 사람은 옛사람 같지 못한가. 각자가 힘써 생각하여 나의 다스림을 도우라" 하니, 좌의정 이원이 대답하기를 "알지 못하여 말하지 않는 것은 간혹 있으나, 만약 말해야 할 일이 있다면 어찌 감히 말하지 않겠습니까" 하였다. 임금이 말하기를 "내가 옛사람만 못하다고 한 것은 그것을 말한 것이 아니다. 의논하라고 내린 일로 보아도, 그것을 논의할 적에 한사람이 옳다고 하면, 다 옳다고 말하고, 한 사람이 그르다고 말하면, 다 그르다고 말한다. … 이것을 가지고 내가 지금이 옛날만 못하다고 말한 것이다."

— 세종 7년 12월 8일

세종 7년에도 예외 없이 여름에는 가물고 겨울에는 춥지 않은 이상 기온이 지속되었다. 겨울이 되어도 날씨가 따뜻해 얼음이 얼지 않았고 계절에 어울리지 않게 안개가 꼈다. 이런 일이 일어나는 것은 좋지 않은 징후였다. 이에 세종은 일차 원인을 자신에게서 찾았다. 그러면서 이렇게 상황이 어려워지고 있는데도 자신을 비판하지 않고 해결책을 마련하기 위한 격렬한 논의도 하지 않느냐고 신하들을 질타했다. 옛날에는 평화로운 시기에도 왕이 옳지 못한 일을 하면 이를 비판해 고치도록 간언했는데 요즘에는 그렇지 않다는 것이었다. 이때 좌의정 이원이 자신들도 마땅히 좋은 생각이 떠오르지 않아서 그런 것이지 일부러 그러는 것은 아니라고 변명했다. 그러자 세종은 자신이 말하는 논쟁이란 한 사람이 의견을 내면 다른 사람이 이를 반박해 서로의 의견이 맞서면서 전체의 생각이 넓어지도록 하는 것이라고 말했다. 그런데 신하들은 누구 한 사람이 옳다는 의견을 내면 다 옳다고 하고, 누가 그르다는 의견을 내면 다 같이 그르다고 하고 있다는 것이다. 오래전 미국에서는 약이나 희귀한 물건을 팔 때 마차에서 밴드 연주를 하면서 호객했다. 그러면 사람들이 마차를 졸졸 따라다니면서 구경했다. 옛날 한국에서는 소독차가 이 역할을 했다. 소독차가 흰 연기를 내뿜으면서 지나가면 아이들이 그 뒤를 따라다녔다. 의견을 개진할 때도 비슷한 일이 벌어지는 것을 밴드 왜건band wagon 효과라고 한다. 누군가 의견을 내면 우르르 따라가는 것을 말한다. 일종의 집단 매몰 사고다. 세종은 왕인 자신의 의견을 무조건 따르는 것이 가장 나쁘다고 생각했다. 그래서 자신에게 허물이 있거나 의견을 말할 필요가 있을 때는 직언을 하라는 주문을 자주 했다. 몇 가지 예를 들어보자.

> "내 들으니 '임금이 덕이 없고, 정사가 고르지 못하면, 하늘이 재앙을 보여 잘 다스리지 못함을 경계한다' 하는데, … 수재와 한재로 흉년이 해마다 그치지 아니하여, … 다시 한건한 재앙을 만나게 되었다. … 대소 신료들은 제각기 힘써 하늘의 경계를 생각하여, … 백성들의 이롭고 병 되는 것을 거리낌 없이 마음껏 직언하여, 나의 하늘을 두려워하고 백성을 걱정하는 지극한 생각에 부응하게 하라."
>
> — 세종 5년 4월 25일

세종 5년에도 어김없이 찾아온 가뭄(한건曠乾한 재앙)을 접하면서 세종은 백성에게 필요한 모든 것에 대해 거리낌 없이 직언하라고 신하들에게 명하고 있다.

> 임금이 가뭄을 근심하여 대제학 변계량을 불러 직언을 구하는 교서를 짓게 하고 … 그 교서에 "왕은 말하노라. … 지난해부터 여름에는 가물고 비가 오지 않았으며, 겨울도 따뜻하여 얼음이 얼지 않았는데, 금년 봄부터 지금까지 재변이

거듭되어, 사람은 잿더미 속에 살고 곡식은 말라 죽어 있도
다. … 대소 신료들의 충고와 직언에 힘입어, 나의 불급한 점
을 메우려 하는데, … 만약 의심을 품고 … 말을 다 하기를
즐겨하지 않는다면 어찌 바라는 바라 하겠는가. … 무릇 과
인의 잘못과 군신들의 충성하고 아첨함과 시정의 잘되고 못
된 점과 법도의 좋고 나쁜 점과 백성들의 기쁘고 근심된 점
을 각기 밀소로 올려 숨김이 없이 다 진언하라.

— 세종 8년 5월 6일

세종 8년에 가뭄이 닥치자 세종은 변계량을 시켜 신하들에게 가
뭄 극복과 관련한 직언을 할 것을 알리는 교서를 짓게 했다. 신하
들이 직언을 해주어야 문제를 해결할 수 있는데, 마치 임금이나 관
료들의 잘못을 들춰내는 것 같아 겁이 나서 말을 못 하고 있으니
답답하다는 것이었다. 세종은 신하들에게 국정의 잘못된 점들을
이야기하기 어려우면 비밀 상소(밀소密疏)를 올려서라도 숨김없이 직
언하라고 주문했다. 세종의 이런 생각은 세자(후일 문종)에게도 이어
졌다. 옆에서 아버지를 보필하면서 배운 결과다.

세자가 도승지 이사철과 좌승지 조서안에게 상지를 전하기
를 "모든 일은 위에 있는 사람이 비록 옳다고 할지라도, 아래

있는 사람이 마음속으로 그른 것을 알면, 진언하여 숨김이
없어야 마땅하다."

— 세종 31년 3월 29일

세종 31년이면 세종이 세상을 떠나기 1년 전이다. 이때는 후일 문
종이 되는 세자가 대리청정을 하고 있었다. 그런데 놀랍게도 세자
역시 아버지 세종과 동일한 말을 했다. 윗사람의 생각이 옳다고 해
도 아랫사람에게 다른 생각이 있으면 진언하여 논쟁하는 것이 옳다
는 말이다.

열린 질문에 답하기

열린 질문에 다양한 답을 준비하는 습관을 갖는 것을 말한다.
세종은 다른 사람들의 생각의 폭을 넓히는 방법으로 열린 질문을
자주 사용했다. 질문에는 열린 질문과 닫힌 질문이 있다. 열린 질
문이란 대답하는 사람이 여러 가지로 답할 수 있는 질문을 말한다.
아이에게 "무엇을 해야 하지?"라고 물으면 아이는 자신이 할 수 있
는 여러 가지 일들을 말하게 된다. 또 "어떻게 해야 하지?"라고 물
으면 아이는 자신이 알고 있는 다양한 방법을 말하려고 한다. 닫힌
질문은 "어느 것이 더 좋아?"와 같은 질문이다. 이런 질문은 답이
한정되어 있다.

<표 3-1> 열린 질문, 닫힌 질문

열린 질문	닫힌 질문
무엇을? 왜? 어떻게?	어느 것? 누구? 언제? 어디서? ~입니까(~이었습니까)? ~했나요(~할 겁니까)? ~해야 하나요(할 수 있나요)?

열린 질문의 효과는 매우 크다.

- **문제 해결의 실마리 확보**: 열린 질문에 답하면서 스스로 문제 해결의 실마리를 찾을 수 있다.
- **추가 정보의 확보**: 답하는 사람을 통해 기대하지 않았던 추가 정보를 얻을 수 있다.
- **내면 정보의 확보**: 답하는 사람의 감정이나 태도에 대한 정보를 얻을 수 있다.
- **학습 효과**: 답을 준비하는 과정에서 학습이 일어날 수 있다.

세종은 질문을 철저히 열린 방식으로 했다. 세종이 보여준 열린 질문의 정수는 최윤덕을 중심으로 4군을 개척할 때다. 여진의 잦은 침략으로 함경도와 평안도의 일부는 바람 잘 날이 없었다. 세종이 4군을 개척하기 전만 해도 지금의 청천강 이북은 땅의 주인이 가려지지 않은 상태였다. 이로 인해 파저강 인근에 살고 있던 여진족의 침탈이 잦았다. 파저강은 압록강의 한 지류로 지금의 중국 요녕성에 흐르는 강이다. 침탈의 주동자는 건주여진의 족장 이만주李滿住였다. 세종 14년에 파저강 일대의 여진족이 다시 침입해왔다. 이로 인해 조선 백성의 피해가 매우 컸고, 세종의 분노가 극에 달했다. 세종은 파저강 유역의 여진을 소탕할 것인지 여부를 결정짓는 회의를 소집했다. 하지만 여진족 소탕은 만만치 않았다. 중국 명나라가 개입되어 있었기 때문이다. 여진족과 전쟁을 벌이다 자칫 명나라 영토를 침입했다는 오해를 사면 조선으로서는 난처한 입장에 빠질 수 있었다. 그래서 처음에는 전쟁을 해서는 안 된다는 주장이 우세했다. 하지만 긴 논의의 끝에 명나라에 여진족 소탕을 보고하고 진행하자는 결론에 도달했다. 여진족의 세력이 커지면 명나라에게도 불리하다는 점을 명분으로 내세우자는 것이었다. 다음으로 어떻게 토벌할 것인가에 대한 논의가 진행되었다. 이때도 세종은 아주 많은 열린 질문을 했다. 세종이 열린 질문을 사용한 이유는 세 가지다. 신하들이 생각의 폭을 넓혀 이야기하도록 유도하고, 정해진 답이 아닌 다양한 답을 내도록 하여 집단 매몰 사고에 빠지는 것을 막기 위해서였다. 또한 제시된 다양한 생각들을 통합해 새로운 생각으로 발전시키기 위해서이기도 했다. 이것을 통해 세종은 토벌이라는 막연한 생각을 구체화할 수 있었고 여진족이 생각하지 못한 방법을 찾게 되었다. 이것을 잘 보여주는 회의가 세종 15년 2월 21일에 있었다. 참석자는 세종을 포함하여 영의정 황희, 우의정 권진, 도진무 하경복, 이순몽, 조뇌, 판서 정흠지, 최사강, 참판 정연, 황보인, 중추원부사 최해산 등이었다.

> 세종: 지금 병조에서 아뢴 평안도에 쓸 병장 잡물의 수량이 어떠한가.
>
> 황희 등: 신 등의 생각으로는 적당하다고 여겨집니다.
>
> 하경복: 다른 물건은 아뢴 대로 함이 마땅하나, 갑옷은 1,525부가 너무 많으므로 3분의 1을 감하는 것이 마땅하옵니다.
>
> 세종: 마병과 보병의 수를 얼마나 써야 마땅할까.
>
> 조뇌: 마병 1,000, 보병 2,000을 써야 할 것으로 보입니다.
>
> 하경복, 이순몽, 정흠지, 최해산, 정연, 황보인 등: 마병 1,000, 보병 1,000이 좋을 것으로 보입니다.
>
> 권진: 마병, 보병 합해서 3,000으로 함이 가하나, 마병의 수와 보병의 수는 주장으로 하여금 시기에 임하여 적당히 처

리하여 정하게 하옵소서.

세종: 보병들이 착용할 갑옷과 투구는 군기감에서 간직한 것을 보낼까. 어느 곳의 갑주를 쓸 것인가.

신하들: 본도의 각 고을에 간직한 것을 골라서 쓰는 것이 편합니다.

세종: 군사가 강을 건널 때 배를 쓸 것인가, 부교를 쓸 것인가.

신하들: 일은 비록 많으나 건너가기에 편리한 것은 부교만 못합니다.

세종: 군사는 모두 평안도에서만 조발할 것인가, 다른 도에서도 아울러 조발할 것인가.

정연, 황보인, 최해산 등: 황해도에서 500명, 평안도에서 2,500명으로 할 것입니다.

황희, 하경복, 이순몽, 조뇌 등: 황해도는 없애고 모두 평안도에서 조발할 것입니다.

최사강: 황해도에서 600명, 평안도에서 2,400명으로 할 것입니다.

정흠지: 황해도에서 400명, 평안도에서 2,600명으로 할 것입니다.

세종: 행군할 때와 출정할 때에 진법을 연습하는 것이 어떨까.

신하들: 진법을 익히면 저 도둑들이 먼저 알고 숨을 것이니,

가만히 행군하여 돌격해 들어가는 것이 가합니다.

세종: 중군과 좌·우군의 주장으로는 누가 가하냐.

신하들: 최윤덕으로 중군을 삼고, 이순몽을 좌군으로, 최해산은 우군으로 삼는 것이 마땅합니다.

승선: 순몽이 신에게 말하기를 "대저 군사의 진퇴를 마음대로 하는 것은 오로지 중군에 있는데, 신이 좌군을 맡으면 어찌 성공하리오. 신의 생각으로는 윤덕을 중군의 상장으로 삼고, 신을 중군의 부장으로 삼고, 해산을 좌군으로 삼고, 강계 절제사 이각과 호조참의 김효성을 우군으로 삼아, 신이 정기 500에서 600명을 거느리고 선봉이 되어 몰래 저들의 땅에 들어가서, 만약 형세가 칠 만하면 치고, 칠 수 없으면 물러나 주둔하여 후군을 기다리겠습니다"라고 하였습니다.

임금이 승선으로 하여금 비밀리에 세 의정에게 논의하게 하고, 인하여 명하기를,

세종: 예전에 대마도를 정벌했을 때에 태종께서 출정하는 장병들에게 활과 화살을 하사하셨으니, 지금 순몽과 해산이 길을 떠남에 어떤 물건을 주어야 마땅할는지, 이것도 아울러 논의하라.

권진: 순몽과 해산은 모두 광망한 무리이므로, 오로지 군사를 맡기는 것은 옳지 못하오니, 청컨대 전자의 논의에 의하여, 하사할 물건은 활, 화살, 갑옷 등으로 하옵소서.

맹사성: 윤덕으로 중군 상장군으로 삼고, 순몽을 부장으로, 해산을 좌군으로, 각을 우군으로 삼음이 가하며, 하사할 물건은 권진의 논의대로 하옵소서.

황희: 삼군을 나누는 것은 맹사성의 논의에 의하고, 하사하는 물건은 다만 말을 주는 것이 가하옵니다.

세종: 마땅히 활과 화살과 말을 하사하고, 삼군을 나누어 정하는 것은 황희와 맹사성의 논의에 좇을 것이다.

— 세종 15년 2월 21일

위 기록을 보면 세종이 여진족을 소탕하기 위한 책략을 세우면서 얼마나 자세히 열린 질문을 하고 있는지 보여주고 있다. 그는 전투에 투입할 보병과 마병의 수를 얼마로 했으면 좋을지를 물었지, "보병은 2,000명, 마병은 1,000명으로 하면 어떨까"라고 묻지 않았다. 또 필요한 갑옷과 같은 전투 용품은 중앙정부에서 내려보낼지 아니면 현지 조달을 할지, 병사가 압록강을 건널 때는 부교를 사용할지 아니면 다른 방법으로 건널지, 누구를 주요 장수로 할지, 그리고 직접 출정하는 장병들에게 왕이 무엇까지 하사할지 등도 열린 질문으로 묻고 있다. 이런 논의를 할 때 세종은 핵심적 인물을 절대 빼놓지 않고 참여시켰다. 여진족 토벌에 있어서 가장 중요한 인물은 최윤덕이었다. 하지만 최윤덕은 평안도 절제사로 멀리 있어 의견을 물을 수 없었다. 그래서 세종은 당사자인 최윤덕에게 의견을 구하는 편지를 썼다. 최윤덕은 조정에서 결정된 3,000명의 병사로는 도저히 토벌이 어려우며 최소 1만 명은 있어야 가능하다는 의견을 제시했고, 세종도 이에 동의했다(세종 15년 3월 7일). 결국 파저강 토벌을 위한 최종 병력은 몇 차례의 회의를 거친 후 1만 5,000명으로 확정되었다(세종 15년 5월 7일).

위의 기록 외에도 《세종실록》을 살펴보면 세종은 거의 모든 회의에서 열린 질문을 사용했다. 《세종실록》에는 "경들의 의견은 어떠시오(경등의하여卿等意何)?" 또는 "어떻게 하면 좋겠소(이위하여以爲何如)?"라는 질문이 자주 나온다. 세종은 이런 열린 질문을 통해 신하들로부터 다양한 정보를 얻고자 했고, 항상 이런 진행을 함으로써 그들이 스스로 질문을 예상하여 미리 학습해오게 했다.

고착에서 빠져나오기

창조적 사고를 할 때 매우 중요한 요소가 하나 있다. 고착에서 빠져나오는 것이다. 고착이란 익숙한 하나의 생각에서 빠져나오지 못하는 것을 말한다. 고착이 창조적 생각을 어떻게 방해하는지는 다음의 이야기에서 확인할 수 있다. 1969년 미국이 아폴로 11호를 달에 쏘아 올리자 구소련은 미국보다 야심 찬 계획을 세웠다. 달 표면의 영상을 TV로 생중계하는 것이었다. 그러다 보니 무인 착륙선에 매우 밝은 조명이 필요했다. 엔지니어들은 달 착륙에 견딜 수 있는 백열전구 개발에 돌입했다. 그런데 문제가 생겼다. 아무리 강한 전구를 만들어도 착륙 시의 충격을 건디지 못해 모두 깨져버리는 것이었다. 전구 개발에 실패하면 소련의 계획도 실패할 수 있는 상황이었다. 고민하던 개발자들이 우주선 개발 책임자인 게오르기 바바킨Georgy N. Babakin을 찾아가 그간의 일을 설명했다. 그러자 그가 물었다. "전구를 왜 만들어야 하나요?" 전구를 만드는 목적이 무엇이냐는 것이었다. 개발자들은 어리둥절해하며 답했다. "필라멘트를 보호할 진공을 만들기 위해서입니다." 그러자 바바킨이 말했다. "달은 이미 진공 상태 아닌가요?" 결국 유리가 없는 백열전구가 만들어졌다. 왜 개발자들이 이런 실수를 했을까? 지구 중심의 생각에서 빠져나오지 못했기 때문이다. 이를 고착이라고 한다. 어떻게 하면 고착을 줄일 수 있을까? 그 방법 중 하나가 실질적 목적에 집중하는 것이다. 그러면 실질적 목적과 관련이 없는 주변 생각에 얽매이지 않을 수 있다. 세종이 창조적 생각에 유난히 밝았던 이유는 실질적으로 해결해야 할 목적에 생각을 집중시키는 습성 때문이었다. 실질적 목적에 맞는 아이디어가 유교 경전에 있든 역사서에 있든 혹은 주변 사람들에게 있든 그는 신경 쓰지 않았다. 그러다 보니 다른 사람들이 전혀 생각지 못하는 것을 생각해내는 경우가 많았다. 이런 세종의 모습을 다음에서 확인할 수 있다.

> 경서를 깊이 연구하는 것은 실용하기 위한 것이다. 바야흐로 경서와 사기를 깊이 연구하여 다스리는 도리를 차례로 살펴보면, 그것이 보여주는 나라 다스리는 일은 손을 뒤집는 것과 같이 쉽다. 실지의 일에 당면하면 어찌할 바를 모를 것이 있는 것이다.
>
> — 세종 7년 12월 8일

위 기록에 의하면 세종은 신하들에게 어떤 것을 공부하더라도 그 목적은 현실의 문제를 해결하기 위한 실용성을 전제로 해야 한다고 못 박고 있다. 나라가 잘되게 하기 위해서 경서도 읽고 사기도 읽는 것이지만, 경서만 읽고 나랏일을 결정하면 고착의 오류에 빠질 가능성이 크다는 것이다. 세종은 신하들의 생각 방식 즉, '경서에서 얻은 명분 및 원리에 관한 지식→개선해야 할 방향 인식→경서의 원리에 입각한 처방'은 자칫 탁상공론과 이데올로기적 고착에 빠질 위험이 높다고 보았다.

세종 시대에 만들어진 대부분의 과학적 발명품은 실용이라는 실

질적 목적을 가지고 출발했다. 세종 19년의 기록 중에 일성정시의
라는 시계에 대한 내용이 있다. 밤낮으로 시간을 알 수 있는 매우
획기적이고 창조적인 시계다. 이것을 만든 이유도 앞에서 말한 세
종식 사고방식 때문이었다.

> 처음에 임금이 주야측후기를 만들기를 명하여 이름을 일성
> 정시의라 하였는데, 이에 이르러 이룩됨을 보고하였다. …
> 승지 김돈에게 명하여 서와 명을 짓게 하니, 그 글에 이르기
> 를, … '우리 전하께서는 세상에 뛰어난 신성한 자질로써 정
> 무를 보살피는 여가에 … 혼의, 혼상, 규표, 간의 등과 자격
> 루, 소간의, 앙부, 천평, 현주일구 등의 그릇을 빠짐없이 제작
> 하게 하셨으니, 그 물건을 만들어 생활에 이용하게 하시는
> 뜻이 지극하시었다. 그러나 … 낮에 측후하는 일은 이미 갖
> 추었으나, 밤에 이르러서는 징험할 바가 없어서, 밤낮으로 시
> 각을 아는 그릇을 만들어 이름을 일성정시의라 하였다. …
> 일성정시의는 무거워서 행군하는 데 불편하므로 작은 정시
> 의를 만들었는데, 그 제도는 대개 같고 조금 달랐다.'
>
> — 세종 19년 4월 15일

위 기록을 보면 일성정시의가 세종의 명에 의해 만들어졌음을

알 수 있다. 세종이 낮과 밤에 모두 사용할 수 있는 시계, 주야측후기晝夜測候器를 만들라고 해서 제작된 것이다. 일성정시의 이전에는 혼의渾儀, 혼상渾象, 규표圭表, 간의簡儀 등과 자격루自擊漏, 소간의小簡儀, 앙부일구仰釜日晷, 천평일구天平日晷, 현주일구縣珠日晷 등의 천문 기구와 시계들이 제작되어 있었다. 하지만 이 기구들로 해결하지 못한 것이 있었다. 이동이 가능하면서도 낮과 밤에 쓸 수 있는 시계가 없다는 점이었다.

세종은 일성정시의에 대한 생각을 책에서 얻었다. 중국 문헌인 《주례周禮》와 《원사元史》에는 밤에도 시각을 알았다는 기록이 있다. 여기서 그는 영감을 얻었다. 《주례》는 중국 주나라의 제도에 대해 설명한 책이고, 《원사》는 중국 원나라의 역사를 기록한 책으로, 두 가지 모두 유교 경전이 아닌 역사서다. 세종이 이를 보고 중국에서도 만든 적이 있으니 조선에서도 만들어보자고 시도한 것이 바로 일성정시의다. 불행히도 이들 책에는 밤에 어떻게 시간을 측정했는지에 대한 구체적인 설명이 없었다. 하지만 조선의 과학자들이 뭉쳐 이 시계를 만들어내는 데 성공했다. 그런데 사용하다 보니 실용성이 떨어졌다. 시계가 무거워 들고 다니기가 어려웠던 것이다. 그래서 세종은 조금 더 가벼운 일성정시의를 만들어보라고 했고 결국 성공했다는 것이 위 기록이다. 세종의 생각은 단순했다. 무슨 생각을 하든 실질적 목적이 머릿속에 있어야 한다는 것이었다. 세종이

〈표 3-2〉 **천문 도구** (세종 19년 4월 15일 기록 기준)

기구	설명
혼의(혼천의渾天儀)	별자리 위치를 통해 시간과 계절을 측정하는 천문 도구
혼상	별자리의 위치를 살펴보는 천문 도구
규표	태양의 고도와 출몰을 측정하는 도구
간의	천문 관측대(혼의를 간략하게 만든 것)
자격루	자동 물시계
소간의	규모가 작은 천문 관측대
앙부일구	공공장소 설치용 해시계
현주일구	이동 가능한 휴대용 해시계
천평일구	이동 가능한 휴대용 해시계 (현주일구와 유사하나 수평 기능과 휴대성을 강화한 것)

생각하는 목적은 실용성이었다.

실용성을 중시하는 세종의 사고방식은 과거시험에서도 나타났다. 당시 과거시험은 매우 추상적인 유학적 이상 세계에 대해 논하는 것이 일반적이었다. 유학 경전의 어려운 글들을 달달 외우고 이를 해석하는 문제를 냈다. 세종은 이것이 탁상공론적 문제라고 생각했다. 유학 경전도 삶의 문제를 해결하는 데 목적이 있음을 알게 하기 위해 세종은 문제 유형을 완전히 바꿔버렸다. 그 예가 다음이다.

근정전에 나아가서 회시에 입격한 유생 남수문 등에게 책문
하였다. … "왕은 말하노라. … 함길도 경원의 일만은 의논할
만한 것이 있다. 어떤 이는 말하기를 '공험진 이남은 나라의
옛날 봉강이니, 마땅히 군민을 두어서 강역을 지켜야 할 것
이라'고 하고, 어떤 이는 말하기를 '경원군은 삼면에서 적의
공격을 받게 되고, 인민이 적으므로 적군을 방어하기가 어려
우며, 그 토지가 좁아서 백성들이 많이 살 수 없으니, 마땅
히 경원의 수비를 폐지하여 경성으로 옮겨야 할 것이라'고 하
며, 어떤 이는 말하기를 '경원에 군사를 둔 것은 태종의 성헌
이므로 변경하여 고칠 수 없는 것이다'라고 하는데, 이 세 가
지 설은 과연 어느 것이 이익이 되고, 어느 것이 손해가 되는
가."

— 세종 8년 4월 11일

조선시대의 과거제도는 소과小科와 대과大科로 나누어진다. 소과
는 예비 과거시험이라고 볼 수 있으며, 사마시司馬試라고도 한다. 소
과에는 1차와 2차 시험이 있었는데, 1차를 통과하면 생원이 되고 2
차를 통과하면 진사가 됐다. 생원과 진사가 되면 하급 관리로 임용
될 수 있었고, 진사가 되면 성균관에 입학할 수 있는 자격이 주어
졌다. 본격적인 시험은 대과다. 대과는 1차, 2차, 3차로 이루어졌는

데, 각각 초시初試, 복시覆試, 전시殿試라고 부르기도 했다. 2차에 붙으면 과거에 급제했다고 했는데, 2차는 초장, 중장, 종장이라는 세 차례의 시험으로 이루어졌다. 초장은 사서삼경을 외우는 강경講經이라는 시험이었다. 중장과 종장은 자신만의 특별한 정책이나 대책을 논술하는 제술製述이었다. 두 시험이 서로 다른 방식이어서 이를 구분하기 위해 경전을 강독하는 시험인 초장을 강경시講經試, 중장과 종장은 모여서 보는 시험이라는 뜻의 회시會試라고 했다.[23] 3차에서는 떨어뜨리는 사람은 없고 2차 합격자들을 대상으로 등급을 매겼다. 임금이 친히 주관하는 시험이라고 하여 전시라고 했으며 갑, 을, 병 3단계로 나누었다.

위 기록은 2차의 마지막 시험인 회시까지 모두 합격한 유생 남수문 등에게 3차 시험인 전시에서 왕이 친히 낸 문제였다. 오늘날의 함경도 경원 지역에 대한 내용이었다. 이때만 해도 함경도 지역은 여진족과 조선이 공유하고 있었기 때문에 조선의 땅이라고 할 수 없었다. 그러다 보니 여진족의 침탈이 잦아 이 지역 백성들의 삶이 고단했다. 이곳을 어떻게 할 것인가를 사람들에게 물어보면 두만강 북쪽 끝에 위치한 경원 즉, 공험진 이남은 당연히 우리 땅(봉강封疆)이니 군사와 백성을 두어서 지켜야 한다는 의견도 있었고, 이곳은 방어하기가 어렵고 땅도 좁으니 경원의 수비를 폐지하고 지금의 청진 밑에 있는 경성으로 옮겨 수비를 강화하는 것이 좋겠다는 의견도 있었다는 것이다. 어떤 사람들은 경원에서 철수하는 것은 태종의 유지를 버리는 것이니 안 된다고 하는데, 이를 어떻게 했으면 좋을지를 세종은 과거시험에서 물었다. 국토를 수호할 것인가, 아니면 이로 인한 비용이 너무 드니 뒤로 군사를 물릴 것인가, 하는 진퇴양난의 상황을 해결해보라고 낸 문제였다. 이런 문제를 낸 이유는 유생들이라고 유학이라는 명분의 세계에만 머물지 말고 현실적인 문제도 동시에 고민해야 한다는 것을 깨우쳐주기 위함이었다. 세종 17년의 과거 문제도 비슷하다.

> 근정전에 나아가 친히 문과의 응시생들을 책문하기를 "호구의 법은 역대의 여러 나라가 중하게 여기어 섬실하게 하지 않은 나라가 없는데, 우리나라에는 비록 그 법령이 있기는 하나, 다 자세하고 밝지 못하여 누락된 호구와 숨은 인정이 열에 여덟아홉은 된다. … 호구가 충실하여지고 수고롭고 편안한 것을 고르게 하려면, 그 방책이 어디 있는가. 호패의 시행에 대하여 이해의 의논이 분분하여 마침내 행하지 못하였는데, 참으로 행할 수 없는 것인가."
>
> — 세종 17년 4월 17일

위 기록에서 '호구戶口의 법'이란 인구를 파악해 과세하고 부역을 지우는 법을 말한다. 이것이 제대로 작동하려면 인구 파악이 엄밀하게 이루어져야 하는데, 누락된 세대와 사람(인정人丁)이 80~90퍼센트에 이르고 있다고 세종은 진단했다. 이 문제는 호구의 법이 제대로 시행되려면 호패號牌법이 원활히 시행되어야 하는데, 이를 제대로 시행할 수 있는 방도를 내라는 것이었다. 호패는 중국 원나라에서 시행되던 제도로, 고려 공민왕 때 받아들였다. 오늘날로 치면 주민등록증이다. 하지만 이 제도는 제대로 정착되지 못하고 있었다. 호패를 받는 순간 세금을 내고 각종 국역에 종사해야 하는 의무를 지기 때문이었다. 이런 이유로 호패를 받은 백성은 전체의 10~20퍼센트에 못 미쳤다. 세종은 이 문제를 어떻게 해결할 수 있을지를 과거 문제로 냈다. 그는 늘 이런 생각으로 여러 사람의 생각을 들으며 국가를 운영했다. 그리고 신하들에게도 이런 방식을 주지시켜 이들의 생각 반경을 넓혀주고자 했다. 다양성이 확보되어야 여러 사람의 조각 정보를 합쳐 큰 그림을 볼 수 있고, 문제를 창조적으로 해결할 수 있다는 것이 세종의 생각이었다.

4

—

생각 섞어 전체 보기

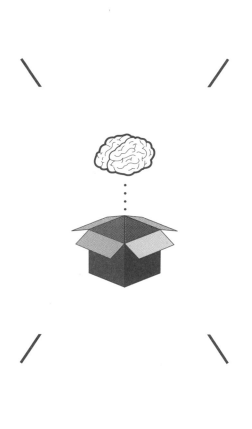

1. 생각을 섞는 이유

　여러 사람의 생각을 섞는 이유는 혼자 생각했을 때보다 훨씬 큰 정보와 그림을 얻을 수 있기 때문이다. 리더가 자신의 생각 박스를 열어 다른 사람의 생각을 받아들이지 않으면 이런 정보는 얻을 수 없다. 리더가 범하는 흔한 실수 중 하나가 넓은 시야를 확보하지 못하고 의사결정을 하는 것이다. 이것은 양쪽 눈 옆에 가림막을 대고 운전하는 것과 마찬가지다. 그렇게 되면 앞은 볼 수 있을지 모르지만 옆에서 어떤 일이 일어나는지 알기 어렵다. 우리는 어떻게 넓은 시야를 확보할 수 있을까? 주위의 다양한 정보를 활용하면 된다. 사람들은 저마다 조각 정보를 가지고 있다. 이것을 적절히 섞어 맞추다 보면 넓은 시야를 얻을 수 있다.

　주변 사람들을 통해 넓은 시야를 얻기 위해서 반드시 이해해야

〈그림 4-1〉 동일 문양에 대한 다른 해석

하는 것이 있다. 다름과 틀림이다. 인간은 세상을 어떻게 인식할까? 〈그림 4-1〉이 이것을 설명하고 있다. 〈그림 4-1〉을 보면 윗줄과 아랫줄의 가운데에 동일한 문양 하나가 있다. 먼저 첫줄을 보자. 이 문양이 A와 C 사이에 있으면 무엇으로 보이는가? 아마도 B로 보일 것이다. 이번에는 아랫줄을 보자. 12와 14 사이에 있는 이 문양은 무엇으로 인식될까? 13으로 인식된다. 도대체 왜 동일한 문양이 전혀 다른 것으로 인식될까? 이유는 앞뒤에 있는 정보가 서로 다르기 때문이다. 윗줄에서는 이 문양이 알파벳 사이에 있어 이것 또한 알파벳의 하나일 것이라고 추론하게 만든다. 아랫줄에서는 숫자 사이에 있어 이 문양도 어떤 숫자일 것이라고 암시하고 있다.

인간은 이런 식으로 세상을 인식한다. 사람들은 저마다 다른 경험의 세계를 가지고 있다. 인간은 세상을 이 경험을 통해서 바라본다. 따라서 경험이 다르면 동일한 현상도 다르게 인식할 수 있다.

〈그림 4-1〉로 다시 돌아가 보자. 경험의 세계가 알파벳으로 이루어진 사람은 문양을 B라고 인식한다. 경험의 세계가 숫자로만 이루어진 사람은 이를 13으로 인식하게 된다. 그럼 이것은 잘못된 것인가? 아니다. 동일한 현상을 다르게 인식한다는 것은 창조의 세계에서는 매우 중요한 일이다. 다른 시각에 부딪히는 과정에서 기존과는 전혀 다른 창조적 생각을 할 수 있기 때문이다. 세상에는 재미있게도 갈등을 빚는 해결책들이 공존하는 경우가 많다. 당장 자본주의와 사회주의(또는 공산주의)가 그렇다. 이들은 매우 상충적이다. 한쪽 입장에서 보면 다른 쪽은 모순투성이고 받아들이기 쉽지 않다. 하지만 다른 쪽의 장점에 주목하면 전혀 새로운 생각도 가능하다. 수정 자본주의나 수정 사회주의가 이런 과정에서 나온 새로운 생각들이다.

사실은 한 사람에게서도 〈그림 4-1〉과 비슷한 현상이 일어난다. 인간의 두 눈은 똑같은 시야로 사물을 보는 것일까? 아니다. 인간의 눈은 짝짝이다. 시야각이 서로 달라 전혀 다른 정보를 인식하는 것이다. 이것을 알 수 있는 방법이 있다. 양손의 엄지와 검지를 겹쳐 두 손을 모아 원을 만든다. 그 원의 중심을 일정한 거리에 있는 사물에 맞춘 후 한쪽 눈을 차례로 감아본다. 그러면 두 눈 중 원을 정확히 관통해 보는 눈이 있고 그렇지 않은 눈이 있음을 알 수 있다. 원을 관통해서 보는 눈을 주시라고 한다. 주로 사용하는 눈이라는 말이다. 양쪽 눈이 이렇게 차이가 나는 이유는 사물을 보는 역할이 달라서다. 우리의 눈 중 하나는 사물을 정면에서 보고 다른 하나는 측면에서 본다. 두 눈이 모두 주시가 되면 난리가 난다. 입체를 보지 못하고 평면만 볼 수 있게 된다. 두 눈이 서로 다른 시야각을 가지고 정보를 수집하기 때문에 우리는 입체라는 정보를 조합해낼 수 있다. 생각도 이와 같다. 모든 사람이 동일한 생각을 한다면 세상을 입체로 보기 어려워진다. 당연히 창조의 세계로 들어갈 수 없다.

물론 다르다는 것은 불편할 수 있고, 이로 인해 갈등이 일어날 수도 있다. 그래서 현명한 리더가 필요한 것이다. 현명한 리더는 서로 다른 것을 갈등의 원천으로 보는 것이 아니라 전에는 전혀 볼 수 없었던 새로운 세계로 인도하는 창구로 인식한다. 현명한 리더들은 다름이 틀린 것이 아니라고 생각하기 때문이다. 불행히도 많은 한국인들은 다름과 틀림을 구분하지 못한다. "사과와 바나나는 모양이 틀려"라는 말을 했다고 하자. 이 말을 이해하지 못하는 한국인은 없다. 하지만 이 말은 잘못된 표현이다. "사과와 바나나는 모양이 달라"라고 표현하는 것이 옳다. 다르다는 것은 차이가 있다는 말이고, 틀리다는 것은 잘못된 것이라는 의미다. 물론 이 예는 '다르다'와 '틀리다'의 의미를 혼동해서 발생하는 경우지만, 안타깝게도 우리는 다른 것을 틀리다고 '인식'할 때가 있다. 다른 것을 틀리게 보는 이유는 비교 기준을 한 대상의 입장에 고정해서 보기 때문이다. 이때의 평가 기준은 하나다. 사과를 기준으로 보면 사과는 즙이 있어 단맛이 나는데 바나나는 그런 맛이 없다. 그렇게 보면 바나나는 사과에 비해 열등한 것, 틀린 것이 된다. 바나나의 입장에서 보면 사과는 바나나가 갖는 부드러움이 없다. 이런 시각에서 보면 이제는 사과가 틀린 것이다. 이렇게 한쪽을 기준으로 다른 쪽을 비교할 때 차이가 있다고 인식하는 것이 틀림이다. 다름은 이와 달리 판단 기준이 둘이다. 이쪽의 기준과 저쪽의 기준이 동시에 존재한다. 그리고 두 기준이 모두 옳다고 생각하는 것이다. 사과의 맛도 옳고 바나나의 맛도 옳다. 다름이란 무엇일까? 바로 '둘 다 옳음'을 말한다. 〈그림 4-1〉의 문양에 대한 인식은 서로 다르다. 그렇다면 어느 것이 옳은 것일까? 둘 다 옳다. 이것이 다름에 대한 해석이다.

다름이 둘 다 옳은 것인 이유는 정보의 비대칭적 시각에서도 설명이 가능하다. 정보의 비대칭성이란 사람마다 가지고 있는 정보의 종류와 양 그리고 관점이 다르다는 것을 의미한다. 리더 역시 정보 비대칭을 가지고 살아간다. 토론을 하다 직원들이 말하는 것이 성에 안 찰 때가 있다. 해당 정보에 대해 리더가 더 많이 아는 현상, 즉 정보의 비대칭성 때문이다. 그러면 리더는 모든 정보를 가지고 있을까? 아니다. 현장에서 일하는 직원들은 리더에 비해 훨씬 많은 고객 정보를 가지고 있다. 이들은 고객이 제품에 대해 어떤 불만을

〈그림 4-2〉 개인의 정보 비대칭성

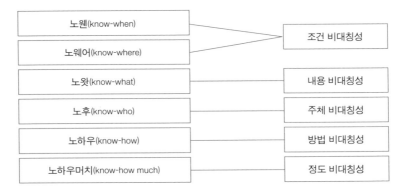

갖고 있는지, 왜 다른 회사의 제품으로 갈아타는지 등을 리더보다 훨씬 많이 알고 있다. 이들도 정보의 비대칭성을 가지고 있다.

개인이 갖는 정보 비대칭성의 정도는 5W2H를 통해 가늠해볼 수 있다. '언제when, 어디서where, 무엇을what, 누가who, 어떻게how, 얼마나how-much, 왜why'가 바로 5W2H다. 이것을 정보 관련 용어로 표현하면 바로 노웬know-when, 노웨어know-where, 노왓know-what, 노후know-who, 노하우know-how, 노하우머치know-how much, 노와이know-why다(〈그림 4-2〉). 노웬과 노웨어는 조건에 대한 정보와 지식으로 언제, 어디서 해야 하는지를 말한다. 노왓은 알아야 할 내용에 관한 것이다. 노후는 주체에 대한 말로, 누가 무엇을 알고 있는지 아는 것이다. 문제 해결에 적임자를 찾으려면 노후를 알아야 한다. 노하우는 방법에 대한 것이고, 노하우머치는 정도에 대한 것이다. 노와이는 인과 구조, 즉 해야 하는 이유에 대한 것이다. 이런 정보와 지식은 사람 마다 다르게 가지고 있다. 즉, 정보 비대칭성이 있다. 큰 시야를 얻 으려면 반드시 비대칭적 정보를 가진 사람들의 생각을 모으고 섞어 야 한다. 그러려면 사람들마다 서로 다른 정보와 지식을 가지고 있 음을 인정해야 한다. 리더와 다른 생각을 가지고 있다고 틀린 생각 을 하는 사람이라고 생각하지 말고 다른 생각을 가진 사람이라고 인식해야 한다는 말이다.

2. 다름은 왜 틀림이 되었나

왜 한국인은 다른 것을 틀리다고 인식하게 됐을까? 다름을 틀림으로 인식하게 된 데에는 조선시대에 있었던 당파 싸움이 큰 역할을 했다. 조선시대에는 특정한 학문적·정치적 입장을 같이하는 양반들의 정치 집단인 붕당朋黨이 있었다. 붕당은 원래 정치인들 간의 야합을 의미하는 것으로 중국에서 만들어진 단어다. 유학자들 간의 일종의 커뮤니티인데, 중국에서는 붕당을 일종의 범죄 행위로 간주했다. 당나라 말 주전충朱全忠은 절개를 신봉하는 유학자들이 청류파라는 붕당을 만들자 이들을 제거했다. 마치 조선말 천주교를 믿는 사람들을 배척했던 것과 유사하다. 이후 붕당은 역사에서 사라지는 듯했지만, 송나라가 만들어지면서 반전이 일어났다. 중국 송나라 때 구양수歐陽脩가 지은 '붕당론'이라는 글로 인해 붕당이 정

당화된 것이다. 사회에서는 어쩔 수 없이 군자는 군자끼리, 소인배
는 소인배끼리 어울리게 되는데, 이 중 군자끼리 만든 모임이 진짜
붕당이라는 글이었다.

중국의 붕당이 정체성의 문제에서 촉발되었다면 조선의 붕당은
아주 사소한 이유로 만들어졌다. 조선시대의 붕당은 1575년(선조 8
년)에 있었던 이조전랑직 임명 문제에서 비롯되었다. 이조전랑이란
이조의 정랑(정5품)과 좌랑(정6품)을 함께 이르던 말로 인사 업무를
처리하던 자리였다. 고위직은 아니었지만 정부의 하급 관리(당하관)
와 3사(사헌부, 사간원, 홍문원. 조선의 언론 기관)의 관리를 추천하는 일
을 맡았다. 특별한 사유가 없으면 이들의 결정이 그대로 집행되어
미래 권력에 영향을 미치는 핵심 요직이었다. 선조 2년에는 과거시
험에 붙지 못했지만 재야에 묻혀 있는 능력 있는 학자들을 등용시
킬 수 있는 권한도 가지게 되어 그 힘이 더 세졌다. 이 자리를 거쳐
야 재상이 될 수 있는 길도 열렸다. 문제는 전임 전랑의 추천으로
이조전랑이 결정된다는 점이었다. 사실 이 제도는 훈구파勳舊派의 권
력 장악을 막기 위해 중종 11년에 도입된 것이었다. 훈구파란 세조
의 왕위 찬탈 때 세조 편에 서서 권력을 가진 신숙주, 서거정 등을
칭하지만, 후대에는 왕의 주변에서 공을 세워 권력을 잡은 계층을
이르는 말로 사용되었다. 성종 후반에 이르자 성종은 훈구파를 견
제하기 위해 재야 학자인 김굉필, 김일손 등을 등용했다. 이들이 사

림파土林派로 불리는 신진 세력이다. 후임 전랑을 전임자가 지명하는 제도는 훈구파의 권력 독점을 막고 신진 세력을 공급할 목적으로 도입된 것이었다.

그런데 선조 시대가 되면서 사림파가 모든 권력의 핵심으로 등장하게 되었다. 이조전랑의 특권으로 훈구파들이 점차 중앙 관직에서 밀려나고 그 자리가 신진 세력만으로 채워졌기 때문이다. 이렇게 이조전랑은 세력 형성의 핵심이었다. 그런데 마침 이조전랑 자리가 비게 되었다. 전임 전랑인 김효원의 임기가 만료됐기 때문이다. 그러자 이 자리를 차지하기 위한 암투가 벌어졌다. 전랑 선정을 위한 암투의 중심에는 신진 사림의 대표 주자인 김효원과 권력을 이미 잡은 기존 사림인 심의겸이 있었다. 김효원은 과거 자신이 이조전랑의 자리에 오르는 것을 반대한 심의겸이 동생 심충겸을 이조전랑 자리에 추천하자, 이를 반대하고 이발을 추천하여 이조전랑 자리에 앉혔다. 이때부터 사림 내부에는 동인과 서인이라는 붕당이 만들어지게 되었다. 동인이라는 이름이 붙은 이유는 김효원의 집이 도성의 동쪽에, 심의겸의 집이 서쪽에 있었기 때문이다. 김효원, 류성룡, 이산해 등이 동인이었는데 주로 영남학파인 이황과 조식의 문하생들이었다. 이에 비해 서인은 당시 고관들이 주류를 이루었다. 동인과 서인 간의 중재를 하던 이이와 성혼이 이후 서인 편을 들면서 이들은 서인의 정신적 지주가 되었다. 하지만 이 시기만 해도 서로 불편해하기는 했지만 붕당이 만들어졌다는 의미 이상은 없었다. 붕당이 갈등의 원천으로 등장하게 된 것은 정여립의 난 이후다.

1589년(선조 22년)에 정여립의 난으로 기축옥사가 일어났다. 정여립은 선조 2년에 과거급제를 해 예조좌랑과 홍문관수찬 등을 지낸 인물이었다. 원래는 서인인 이이의 문하생이었으나 권력이 서인에서 동인으로 옮겨가자 당시 집권 세력인 동인 편에 서게 되었다. 그는 이이가 동인에 대해 부정적인 입장을 보이자 갈라섰다. 이이가 죽자 동인들은 이이를 집중 성토했다. 이때 정여립은 스승인 이이와 성혼 등을 비판하는 데 앞장섰다. 이로 인해 그는 조헌, 정철 등 서인들의 집중적인 공격 대상이 되었다. 선조 역시 그를 괘씸하게 여기자 벼슬을 버리고 전라도로 낙향했다. 그런데도 그는 동인들 사이에서 명망이 높았고 그의 주변에는 수많은 사람들이 구름처럼 몰려들었다. 정여립은 이를 배경으로 낙향지에서 대동계大同契를 조직했다. 일종의 사회 운동 차원에서 시작된 것이었다. 대동계는 매월 15일에 모여 음식과 술을 나누었고 활쏘기와 무술을 연마했다. 대동계에는 무사나 노비 등 다양한 신분의 사람들이 모였다. 가입에 신분 제약이 없었기 때문이다. 1587년 전라도 녹도와 손죽도에 왜적이 쳐들어오자 대동계는 왜적 소탕에 나서기도 했다.

그런데 이 대동계가 엉뚱하게 역모 사건으로 왜곡되었다. 대동계가 전라도를 넘어 황해도 등으로 세력을 넓히자 음해가 시작됐다.

1589년 정여립의 수하들이 한강이 얼어붙은 것을 이용해 황해도와 전라도에서 군사를 일으키려 한다는 고변이 선조에게 올라갔다. 관군이 그를 체포하는 과정에서 정여립이 자살했는데, 이것을 정여립의 난이라고 한다. 난이 평정되자 관련자들에 대한 심문과 처형이 시작되었다. 그 중심에 서인의 강경파 정철이 있었다. 1,000명에 육박하는 전라도 및 동인 계열 핵심 인사들이 숙청되었다. 이것이 기축옥사다. 정여립의 난은 엉뚱한 피해도 만들어냈다. 정여립이 죽고, 1년 뒤인 1590년 정여립 일파에 대한 숙청이 다시 시작되었다. 서인인 형조좌랑 김빙이 추국관이 되어 죄를 문책했는데 그 자리에서 그가 눈물을 닦았다. 눈병이 있었던 데다 날씨까지 추워 눈물이 났던 것이다. 그런데 이것이 엉뚱하게 번졌다. 김빙을 시기하던 백유함이 이를 보고 김빙이 추국장에서 정여립의 죽음을 애도했다고 모함하여 김빙은 결국 사형을 당했다.

이 일은 다른 붕당을 거드는 일은 곧 죽음을 의미하는 것으로 받아들여졌다. 이것을 나타내는 대표적 단어가 사문난적斯文亂賊이다. 사문은 유학을 가리키고, 난적은 어지럽게 만드는 도적이라는 뜻으로, 사문난적은 유학을 어지럽히는 도적과 같은 자를 말한다. 당파가 다른 상대방을 경멸적으로 부를 때 쓰는 말이다. 사문난적으로 몰리면 사회적 매장을 당하거나 심하면 사형까지 당했다. 이런 일이 있고 난 뒤 조선 후기로 가면서 붕당 간에는 교류가 끊겼고

옷을 구분해서 입기도 했다.[24] 이것은 뜻이 다른 붕당은 잘못된 사람들이라는 인식이 더욱 강화되었음을 의미한다. 이러한 인식은 조선 말까지 이어졌다. 정약용은 강진으로 유배된 후 70여 권의 의미 있는 책들을 썼다. 그런데 구한말 노론계 인사들은 그의 책을 불경한 것으로 여겨 사지도, 읽지도 않았다.[25] 남인이었던 정약용은 노론 사람들에게 그릇된 사람으로 인식되었기 때문이다. 붕당 정치가 조선의 역사에 해를 끼친 것만은 아니라는 주장도 강하다. 오히려 순조 이후 안동 김씨에 의한 세도 정치가 고착화된 것은 붕당 정치가 약화돼서 그렇다는 견해도 있다. 하지만 붕당은 한국 사람들이 세상을 보는 시각을 이분법으로 나누게 했고, 자기편이 아니면 틀린 것이라는 인식을 만들어 내는 데에 결정적 역할을 했다.

다른 것이 틀린 것이라는 인식은 붕당 내부에서만 존재하지 않는다. 일반인들의 삶 속에도 깊이 녹아 있다. "옆집 영수는 공부도 잘하고 부모에게도 잘하는데 너는 왜 그러니?" 하고 화를 내는 부모들의 마음속에는 자기 자식을 영수와 비교해 틀린 애로 보는 인식이 깔려 있다. 옆집 영수와 우리 애를 비교하는 기준은 성적과 부모에 대한 순종이다. 이것은 영수에게 유리한 기준이다. 이 기준에서 보면 우리 애는 잘못된 짓만 골라 하는 나쁜 애 즉, 틀린 애다. 한쪽에 맞는 기준을 정해놓고, 이에 따라 누구는 옳고 누구는 그르다고 나누는 이분법적 사고가 바로 다름을 틀림으로 인식하게 만드는 이유다. 사실 우리 애는 옆집 영수와 다른 애지 틀린 애가 아니다. 공부와 부모에 대한 순종에 있어서는 영수가 우월할지 몰라도, 노래와 사교성을 기준으로 보면 영수가 떨어진다. 그렇다면 둘 다 틀린 아이, 잘못된 아이들인가? 아니다. 둘 다 그들만의 장점과 단점이 있는 아이이며, 그래서 서로의 장점 기준에서 보면 둘 다 옳다. 이것을 깨달아야 나의 자녀가 틀린 아이가 아니라 다른 아이라는 것을 인식할 수 있고, 우리 아이의 장점을 볼 수 있다. 틀린 것만 인식하면 화가 나고 아이의 앞날이 보이지 않는다. 하지만 나의 자녀도 옳다고 생각하면 아이의 장점을 찾아보게 되고, 이것을 바탕으로 아이의 미래를 생각해볼 수 있다. 이것이 틀림이 아닌 다름을 보는 것의 장점이다.

다른 것은 틀린 것이라는 인식은 음식에서도 찾아볼 수 있다. 동남아시아에 가면 한국인이 경험해보지 못한 음식들이 많다. 귀뚜라미나 전갈 같은 곤충 음식이다. 이런 음식을 먹는 것을 보면서 우리는 이맛살을 찌푸린다. 어떻게 미개하게 저런 것을 먹느냐는 식이다. 이런 생각을 하는 이유는 그 사람들이 이상한, 즉 틀린 사람이라고 생각하기 때문이다. 이런 행동도 다름을 틀림으로 인식하는 과정에서 나온 것이다. 그들과 우리는 각각의 생활 환경에서 터득한 지혜로 살아가는 서로 다른 사람들이지, 우리만 옳고 저들은 틀린 것이 아니다. 우리의 기준이나 잣대로 보면 그들이 틀려 보이고, 그들의 잣대나 기준으로 보면 우리에게 문제가 있을 수 있다. 하지만 상대의 있는 모습을 그대로 인정하고 보면 둘 다 옳다는 것을 알 수 있다.

한국 사람들은 일반적으로 나와 다르면 틀리다는 인식을 가지고 있기 때문에 다름을 갈등의 원천으로 인식한다. 한국인은 일사불란한 것을 좋아한다. 동일 정치 집단 안에서 서로 다른 의견으로 시끄러워지면 콩가루 집안이라고 생각한다. 하지만 분명히 이해하자. 최종 결정이나 행동은 하나로 통일될 필요가 있지만, 생각하고 결정하는 과정조차 일사불란하면 문제가 심각해진다. 집단 매몰 사고의 덫에 걸리기 쉬워서다. 다름은 창조적 사고의 가장 중요한 재료다. 다른 생각들이 모여야 전과는 전혀 다른 생각이 만들어지기 때문이다. 다름이 창조로 변환되는 과정을 비빔밥에서 찾아볼 수 있다. 비빔밥의 원리는 서로 다른 재료를 버무려 새로운 맛을 내는 것이다. 주위에 있는 어떤 재료든 밥에 넣고 쓱쓱 비비면 전에는 전혀 몰랐던 새로운 맛이 만들어진다. 이것이 바로 다름이 합쳐져 창조가 만들어지는 원리다.

3. 다름이 옳음임을 안 세종

세종이 위대한 이유는 다름을 다름으로 인식할 줄 알았기 때문이다. 그는 이것을 이용해 다양한 요리를 만들었다. 사실 다름은 골치 아픈 것이 사실이다. 어떤 경우에 다름은 모순으로 비하되기도 한다. 세종은 이런 상황에서도 문제를 해결하는 방법을 알고 있었다. 세종을 한마디로 표현하면 다름을 옳음으로 생각할 줄 알고 다른 것들을 섞어 창조적 생각에 이른 희귀한 리더라고 할 수 있다.

예조판서 김여지가 계하기를 "이원, 정탁, 유관, 변계량 등이 '이제 국상을 당하여 과거를 보이는 것이 마땅하지 않다'고 하오나, 신이 허조와 더불어 생각하건대, 과거는 … 의리에 해로울 것이 없으니, 폐지할 수 없습니다" 하니, 임금이 말하기를 "나의 뜻도 또한 이와 같다" 하고, 곧 전교를 예조에 내리기를 "문무과를 전례에 의거하여 시취하되, 이제 흉년을 당하여 먼 곳의 생도가 서울에 오래 머물러 있을 수 없으니, 속육전에 따라 강경은 그만두고 제술로써 시험하여 뽑게 하라."

— 세종 4년 10월 18일

위 기록은 태종이 사망하자 국상 중에 과거를 볼 것인가 말 것인가를 논의하는 내용이다. 이원 등은 국상 중에는 과거를 보지 말 것을 건의했다. 하지만 허조와 예조판서 김여지는 과거는 국가의 정해진 일이니 마땅히 실시해야 하며, 이것이 태종에 대한 의리를 저버리는 일은 아니라고 주장했다. 그러자 세종은 이 말에 동의하면서 새로운 대안을 제시했다. 문과와 무과를 그대로 실행하되 나라에 흉년도 들고 했으니 속육전續六典에 따라 사서삼경을 통째로 외워야 시험을 볼 수 있는 어려운 강경 시험은 보지 말고, 논술고사인 제술만을 보라는 통합안이었다. 속육전은 1397년 조선 최초의 공식 법전인《경제육전經濟六典》에 추가된 법령들을 말한다. 요지는 시험은 보되 간략한 방식으로 보라는 것이었다. 세종의 창조적 의사결정은 대부분 이런 식의 생각 섞기 속에서 만들어졌다.

4. 세종의 방법①: 생각 집합 확장

　세종은 생각을 섞어 전체를 보고자 할 때 우선적으로 생각의 영역을 넓히는 것이 중요하다는 것을 알았다. 생각의 영역이란 일종의 생각 집합이다. 이 집합이 좁으면 선택할 수 있는 대안이 줄어든다. 박스 사고는 생각의 전체 집합 중 부분 집합에 집착하는 사고다. 이것을 깨뜨리기 위해서는 박스 밖에 존재하는 세상에 대한 정보가 필요하다. 정보를 모으기 위해 세종은 우선 생각 집합을 확장하고자 했고, 이를 위해 두 가지 방법을 썼다.

다른 생각 끌어내기
　세종이 생각 집합을 확장하기 위해 사용한 첫 번째 방법은 사람들에게서 다른 생각을 충분히 이끌어내는 것이다. 이렇게 하는 이유는 다름이라는 조각 정보를 충분히 끌어낸 뒤 이것을 묶어 전체에 대한 감을 잡기 위해서다. 사람들은 자신만의 조각 정보를 가지고 있다. 자신이 가진 신념이나 생각의 렌즈로 세상을 보기 때문이다. 세종은 이들 조각 정보를 비비고 섞으면 전체 그림이 된다는 사실을 알았다. 창조적 의사결정의 전제 조건은 바로 이 전체 그림을 보는 것이다. 이것을 위해 세종은 자신의 말을 줄이고 가능한 한 많은 사람들이 이야기하도록 했다. 그는 리더가 말이 많아지면 반대로 다른 사람들의 말이 줄어들어 유용한 조각 정보들을 얻을 기회를 잃게 된다는 것을 알았다.

세종 시절에는 국난에 가까운 혼란이 자주 일어났다. 그중 하나가 여진족 침입이었다. 세종 14년(1432), 그는 지금의 평안북도 압록강 부근 여연 지역에 여진족이 침입했다는 보고를 받았다. 평소 화를 잘 내지 않던 세종이 크게 화를 냈고, 여진족 토벌에 대한 회의를 소집했다. 주동자는 파저강 일대에 터를 잡고 있던 이만주였다. 세종은 이들을 토벌할 필요성을 느꼈지만 신하들의 강력한 반대에 부딪혔다. 그래도 세종은 자기 생각을 밀어붙이지 않았다. 이들이 왜 반대하는지에 귀 기울이면서 큰 그림을 그리기 시작했다. 반대 의견의 핵심 중 하나는 여진족 토벌도 좋지만 자칫하다가는 명나라와 외교 관계가 틀어진다는 것이었다. 요동에 들어가려면 명나라 땅을 침입해야 하는데, 그렇게 되면 외교적으로 무슨 일이 벌어질지 몰랐다. 여진족이 사는 곳의 특성을 잘 몰라 섣불리 건드리면 긁어 부스럼이라는 의견도 있었다. 여진족이 사는 땅은 기후도, 지형도 조선과 달랐다. 이곳에 들어가 토벌에 실패하면 많은 희생을 치러야 할지도 모르는 일이었다.

세종은 상황을 파악했다. 그는 두 가지 문제를 해결하면 된다는 것을 알 수 있었다. 명나라와의 불필요한 외교 마찰을 피하는 방법과 여진족에 대한 정보를 충분히 얻을 방법을 강구하는 것이었다. 첫 번째에 대한 논의가 시작되었다. 2개월여의 회의 끝에 명나라에 조선과 여진족의 상황을 설명하고 여진족이 커지면 명나라도 손해를 본다는 논리를 설명하기로 했다. 그러자 반대로만 흐르던 의견이 서서히 변화하기 시작했다. 조선은 다행히 명나라의 지지를 얻어내는 데 성공했다. 다음으로는 여진족에 대한 상황 판단이 필요했다. 여러 차례 사람을 보내 여진족의 거주지와 파저강 일대의 지리 조건을 면밀히 조사했다. 이때도 토벌을 통해 여진족에게 무언가 보여주어야 한다는 강경론과 조용히 해결하자는 온건론이 부딪쳤다. 훗날 압록강 유역 여진족 토벌에 혁혁한 공을 세운 최윤덕이 온건론을 폈다. 파저강 유역의 여진족을 토벌하다 보면 여진족 전체가 들고일어나 문제가 더 커진다는 것이 이유였다. 세종이 해결책을 내놓았다. 여진족 전체를 토벌하는 것이 아니라 파저강 일대에 있는 이만주 일당만 제거하고, 다른 여진족들에게는 이만주 일당을 토벌하는 것이 여진족 전체에 대한 반감 때문이 아님을 설명하자는 것이었다. 그제야 최윤덕이 토벌에 찬성했다.

이제 어떻게 칠 것인가가 문제였다. 조선은 다시 파저강 일대를 정탐했고, 그 결과가 보고되었다. 세종이 먼저 입을 열었다.

> "박호문이 파저강에서 돌아와 아뢰기를 '야인 부락에 이르러
> 그 형세를 보니, 모두 어린애를 데리고 산에 올라가서 우리
> 나라에서 변을 일으킬 것에 대비하고 있다'고 하니, 지금 장
> 차 무슨 수로 각각 그 생업에 안심하게 하여, 그 뜻하지 않을
> 때를 타서 공격할 것인가."
>
> ― 세종 15년 2월 28일

세종은 파저강 유역을 정찰한 박호문으로부터 이만주 일당이 공격의 낌새를 알아채고 부락을 비우고 험난한 산으로 모두 대피했다는 보고를 받았다. 토벌하려면 우선 이들을 다시 안심시켜 부락으로 내려오게 할 필요가 있었다. 세종은 일단 회유책을 써서 이들을 안심시켜 공격하기 좋은 평지로 끌어내는 방안이 무엇일지 논의했다. 이만주 일당이 잡아갔던 조선 백성들을 돌려보낸 것을 칭찬하고 술과 음식으로 위로해 안심하게 한 뒤 몰래 군사 작전을 펴자는 의견이 나왔다. 하지만 이에 반대하는 의견도 있었다. 접대를 수

상하게 여긴 이만주 일당이 경계하고 있다가 전투가 일어날 것 같으면 산으로 재빨리 다시 도망갈 가능성이 있었기 때문이다. 전투를 하려면 압록강을 건너야 하는데 다리나 배를 만들면 아무리 속이려고 해도 속일 수 없다는 것이었다. 차라리 가만히 있다가 압록강이 얼어 건널 수 있을 때 기습하는 것이 좋겠다는 의견이 나왔다. 황희도 이 의견에 동참했다. 결정을 하려면 더 많은 정보가 필요했다. 이만주 일당에 대한 정보가 더 수집되면서 이만주가 도망간 이유가 밝혀졌다. 이만주는 간첩을 통해 조선이 토벌을 준비하고 있다는 것을 사전에 알았고, 이에 대비하기 위해 험준한 산으로 도망간 것이었다.

세종이 결론에 이르렀다. 이만주를 정교하게 속일 필요가 있었다. 방법은 조선이 군사 준비를 중지하는 것처럼 보이게 하는 것이었다. 이에 대한 토의가 다시 시작되었다. 아이디어가 나왔다. 국가적 차원에서는 군사 준비를 중지하는 것처럼 보이게 만들고 실제전쟁 준비는 관련 기관(유사有司)에서 몰래 하자는 것이었다. 세종은 이 아이디어를 받아들였다. 그리고 병조가 이 일을 맡되 군사를 일으키는 것은 가능한 한 토벌 시기에 임박해서 하고 준비는 몰래 하라고 지시했다.

이런 논의 와중에 상황 변화가 있었다. 이만주가 조선인을 돌려보내고 조선의 왕에게 이에 대해 설명했는데 왜 아무 답도 없느냐는 공문을 평안도 절제사에게 보내왔다. 조선을 떠보기 위한 것이었다. 이에 세종은 이만주를 속일 수 있는 절호의 기회가 왔다고 생각했다. 세종은 술과 음식 등으로 위로하는 방법을 다시 꺼내 들었다. 대신들의 의견이 또다시 나뉘었다. 적당한 물건과 음식으로 위로해 안심시키자는 사람과, 술과 음식이나 물건은 필요 없고 글만 보내자는 사람, 그리고 어차피 공격할 것인데 그럴 필요 없다는 사람으로 나뉘었다. 세종은 이만주에게 너그럽게 대해야 그를 속이기가 더 쉽겠다는 생각에 도달했다. 아무 대응을 안 하면 여연을 침탈한 것에 대해 조선이 화를 내고 있다는 증거가 될 것이고, 그렇다고 너무 많은 것을 주면 이 역시 이만주를 속이기 위한 술책으로 비칠 것으로 생각했다. 세종은 절제사를 통해 공식적으로 술과 과일을 보내서 이들을 우선 안심시키는 것이 좋겠다는 결론을 냈다.

이만주를 다루는 문제에 대해 신하들은 매우 다양한 의견을 냈다. 이들의 의견은 한 방향이 아니었다. 서로 충돌하기도 했다. 하지만 세종은 이런 의견을 하나하나 들으면서 막연한 상황에서 조금씩 전체 그림을 그릴 수 있었다. 전쟁을 일으키는 것이 옳은지, 명나라를 설득할 방법은 무엇인지, 이만주의 상황은 어떠한지, 이만주를 속이기 위해 무엇을 해야 하는지, 군사 준비는 어떻게 해야 하는지 등을 신하들과 의논하면서 전에는 몰랐던 다양한 상황을 이해하게 되었다. 이렇게 해서 준비된 1차 정벌 계획은 대성공으로 이어졌다. 비록 여진족장 이만주는 잡지 못했지만 여진족 사망자가 183명, 생포된 자가 248명이었으며, 소 110마리와 말 67필을 노획했다. 이만주의 처가 사망했고 이만주 본인도 깊은 상처를 입고 간신히 도주했다.[26] 조선군의 피해는 사망자 네 명에 부상자 25명이었다. 1차 여진족 토벌로 조선은 압록강 유역의 지위를 공고히 할 수 있었고, 오늘날의 평안남도와 평안북도가 조선의 땅으로 편입되었다.

비전문가 이야기 섞기

세종은 생각을 섞을 때 특이한 행동을 했다. 일에 정통한 사람들이나 전문가뿐만 아니라 그렇지 않은 사람들의 이야기를 섞는 것이었다. 창조의 세계를 이해하지 못하는 사람에게 이것은 이상하게 느껴질 수 있다. 문제 해결을 위한 회의를 할 때는 보통 관련 정보와 지식에 정통한 사람들이 모여서 하는 것이 옳다고 믿기 때문이다. 문제 해결이 창조성을 별로 필요로 하지 않을 때는 이 말이 맞다. 그런 경우에는 전문가들이나 경험자들이 모여 결정을 하는 것이 효율적이다. 하지만 알 수 없는 미래에 대한 고도의 창조적 사고를 할 때는 그렇지 않다. 오히려 비전문가들의 엉뚱한 생각이 조직의 창조성을 끌어올릴 때가 많다. 사람들은 생각을 할 때 이미 알고 있는 경험이나 지식을 이용하려고 한다. 하지만 이것이 뒷덜미를 잡을 때가 많다. 이렇게 자신의 지식이나 경험에서 빠져나오지

못하는 것을 기능적 고착이라고 한다.[27]

　기능적 고착의 좋은 예로 현대건설이 서산 간척지를 조성했을 때를 들 수 있다. 이 회사는 서산 간척 사업을 위해 방조제를 막는 계획을 세웠다. 공사는 순조롭게 진행되는 듯했다. 방조제 총길이 6,400여 미터 중 마지막 270미터에 이르자 문제가 생겼다. 30톤 트럭으로 아무리 많은 자갈과 돌을 퍼부어도 거센 물살 때문에 둑이 터져나간 것이다. 모두가 망연자실했다. 방조제 전문가를 모두 불러다 의논해도 뾰족한 수가 없었다. 이때 정주영 회장이 답을 냈다. 그는 울산 현대중공업에 정박되어 있는 천수만호를 빠뜨려 물의 속도를 늦추자고 제안했다. 이 배는 고철로 팔려고 사놓은 스웨덴 유조선으로, 폭 45미터, 높이 27미터, 길이 322미터에 무게가 23만 톤인 배였다. 모두들 어리둥절했다. 물막이 공법 전문서에도 전혀 소개되지 않은 기상천외한 방법이었다. 하지만 결과는 대성공이었다. 이 배가 거센 물길을 막아주어 남은 구간을 막을 수 있었다. 이후 이 방법은 물살이 거셀 때 사용하는 물막이 공법, 일명 정주영 공법으로 기록되었다.

　전문가나 경험자들이 갖는 특징이 있다. 문제 해결을 할 때 자신이 가지고 있는 기능적 지식이나 경험에 의존하려는 것이다. 그러다 보니 시야가 좁아져 엉뚱한 생각을 하기가 어렵다. 정주영은 제방 전문가가 아니었다. 당연히 제방을 막는 세세한 방법을 알 리 없었다. 하지만 이것이 오히려 생각을 자유롭게 해주었다. 이것이 무경험자 또는 비전문가를 통해 창조성을 발현하는 방법이다.

비전문성이 더욱 날카로운 시각을 가지게 해주는 예는 여행에서도 찾을 수 있다. 어떤 나라에 대해 날카로운 평가를 할 수 있는 사람은 그 나라를 여행한 지 며칠 되지 않은 사람이다. 한 나라에 오래 거주할수록 그 나라를 객관적으로 보기 어렵다. 익숙해지기 때문이다. 창조적 사고 원리 중 하나는 낯설게 하기다. 오랫동안 한 나라에 거주한 사람은 이미 모든 상황에 익숙해져 있기 때문에 낯설게 하기가 어렵다. 하지만 여행 간 지 얼마 되지 않은 사람에게는 모든 게 낯설다. 그렇기 때문에 거기에 사는 사람들이 전혀 생각지 못한 시각으로 그 나라를 바라볼 수 있는 것이다. 정주영이 새로운 물막이 공법을 생각해낸 것도 물막이 공사에 비전문가였기 때문에 가능했다. 놀랍게도 세종은 이 원리를 이해하고 있었다.

앞서 이야기했던 이만주 토벌을 위한 막바지 토론에 이르렀을 때였다. 가장 중요한 토벌 시기에 대한 결정이 최종적으로 남았다. 세종 15년 2월 27, 28일 양일에 걸쳐 토벌 시기에 대한 논의가 있었다. 세종은 풀이 우거지기 시작하고 물이 많지 않은 4월 초에 하는 것으로 잠정적 결론을 내린 상태였다. 그런데도 그는 논의를 더 하고자 했다.

"토벌하는 시기는 어느 때가 마땅하냐" 하니, 유맹문, 황보인, 봉여 등은 8월 보름 이후를 말하고, 황희, 허조, 안순, 노한, 최사강, 정연, 박안신 등은 나뭇잎이 떨어지고 얼음이 얼 때 거사함이 가하다고 하며, 맹사성, 권진, 하경복, 신상, 이맹균, 이순몽, 조계생, 정흠지, 심도원 등은, 4월 보름까지 못하면 나뭇잎이 떨어지고 얼음이 얼 때를 기다려야 한다고 하였다.

— 세종 15년 3월 14일

세종이 토벌 시기를 재차 묻고 있다. 그런데 재미있는 점이 보인다. 군사 작전을 토론하는 회의에 군사 전문가가 아닌 사람들이 참여하고 있다는 점이다. 유맹문은 예조참판을 지낸 인물로 문화예술과 교육계 전문가다. 허조 역시 세종 시절 이조판서, 예조판서, 우의정, 좌의정을 지낸 인물로 군사 작전과는 관련성이 적다. 맹사성은 태종 시절 관찰사직을 맡으면서 지방의 군사 관련 일을 해본 적이 있으나 군사 전문가라고 말하기는 어렵다. 세종 시절에는 주로 공조와 이조 그리고 예문관의 수장을 해 건축토목 분야와 행정 관료로서의 삶을 살았기 때문이다. 이에 비해 황희는 태종 시절 오늘날의 국방장관인 병조판서를 역임한 적이 있고, 황보인은 비상시 군대를 지휘하는 체찰사 경험이 있었다. 봉여도 병조참판 즉, 국방부 차관을 역임한 적이 있었다.

왜 군사 작전을 토론하는 자리에 비전문가들이 참여했을까? 군사 전문가들이 경직된 사고에 빠지는 것을 경계했기 때문이다. 비록 비전문가들이 군사 작전의 이치와는 거리가 있는 말을 할지 모르지만 전문가들이 생각하지 못하는 전혀 다른 생각을 할 수 있다고 세종은 생각했다. 그는 이런 생각을 찾는 방법을 알고 있었다. 이야기를 들으면서 말 뒤에 숨어 있는 가정을 살펴보는 것이다. 비전문가인 유맹문이 의견을 개진했다. 토벌 시기를 8월 보름 이후로 하자는 것이었다. 8월은 숲이 매우 우거져 군사 행동을 숨길 수 있는 달이지만, 대규모 야간 행군이 불가피하니 달이 밝은 8월 보름을 피하자는 주장이었다. 허조는 압록강을 건너기 쉽게 얼음이 얼때 하자고 주장했다. 맹사성 등은 이전에 결정한 것처럼 4월에 하든지 아니면 압록강을 건널 수 있는 겨울에 하자고 했다. 세종은 이들의 이야기를 들으면서 무슨 생각을 했을까? 이들의 생각 뒤에 있는 가정을 추론했다. 유맹문이 제시한 안은 실제로 실행된 작전과는 거리가 멀었다. 하지만 세종은 유맹문의 말 뒤에 숨어 있는 가정에 주목했다. 유맹문을 통해 주간과 야간 행군 시 이동을 은폐하는 방법이 필요하다는 것을 파악했다.

세종은 다양한 사람들의 의견을 듣는 것을 좋아했지만 핵심 인물을 빠뜨리지는 않았다. 현장 정보를 가지고 있는 사람의 의견은 절대 놓치지 않았다. 그 사람이 평안도 군사령관으로 가 있던 최윤덕이었다. 세종은 그의 의견을 듣기 위해 평안도로 사람을 보냈다. 그 답은 다음과 같았다.

> 최윤덕이 호군 박원무를 보내어 아뢰기를 "지금 토벌하는 일을 오는 달 초 10일로 정하였으나, 도적의 무리가 모두 산으로 올라갔다는 말을 들으니, 밤낮으로 근심하고 염려하옵니다. 신이 헤아리건대, 저곳은 얼음이 아직 풀리지 아니하였으니, 오는 4월 10일경에 사람을 시켜 정탐하고 20일 이후에 강계에 모이면, 저들이 농사짓기 위하여 도로 집으로 내려올 것이니, 몰래 군사를 거느리고 가서 덮쳐 치는 것이 어떠하오리까" 하므로, 곧 세 의정과 이조판서 허조, 호조판서 안순, 예조판서 신상 등을 불러 논의하고, … 원무에게 부쳐 보내기를 "지금 대군을 이미 발하였으니, 그 지방이 비록 추우나 4월 그믐 때에는 풀과 나무가 무성하고, 남기로 어두워서 멀리 통하여 바라볼 수 없으며, 또 5월에 이르면 토우가 올 염려가 있으니, 일체 전에 정한 기일대로 시행하라."
>
> ― 세종 15년 3월 24일

최윤덕은 4월이 공격하기에 합당한 때지만 조정에서 잠정적으로 결정한 10일은 어렵다는 의견을 냈다. 그때는 이만주 일당이 산에서 내려오지 않을 가능성이 있다는 것이다. 얼음이 아직 녹지 않아 농사 준비를 하기에 부적절해 산중에 더 머무를 가능성이 높아서였다. 4월 10일에는 이들이 내려오는지만 정탐하고, 군사는 20일경 강계에 집결시킨 후 여진족이 농사지으려고 산에서 내려오면 그때 치자는 것이었다. 일리가 있다고 생각한 세종은 정벌 시기를 4월 그믐으로 잡기로 최종 결정했다. 여진족이 파저강 일대로 돌아오는 시기로 하되, 나무와 풀이 자라기 시작해 이동을 은폐할 수 있고 홍수가 시작되기 전인 4월 중에서도, 이동 시 움직임을 숨길 수 있도록 달빛이 약한 그믐을 최적기로 판단한 것이다. 이렇게 치밀하게 짜인 전략에 따라 1443년(세종 15년) 4월 19일 새벽, 일곱 방향에서 파저강 기습공격이 감행되었다. 비록 이만주는 잡지 못했지만 9일간의 전투에서 파저강 유역 여진족의 무려 10퍼센트에 달하는 수를 사살 또는 생포했다.[28] 파저강 여진족 토벌은 장장 6개월 동안의 토론을 거쳐 실행되었다. 이 기간에 세종은 여러 사람들로부터 얻은 서로 다른 정보를 이용해 토벌을 위한 전체 그림을 파악할 수 있었고, 이를 통해 섬세한 작전을 수립하여 대성공에 이르게 되었다.

5. 세종의 방법②: 검증

생각 집합을 계속 확장하기만 하면 생각을 모으는 것이 어려워진
다는 단점이 있다. 또 모든 생각이 반드시 옳은 방향을 향해 있는
것도 아니다. 이 부분에서 많은 혼돈이 온다. 쓸모없어 보이는 생각
들을 리더가 나서서 제거하는 것이 옳은가? 아니면 모든 생각을 모
으는 것이 옳은가? 둘 중에서 세종은 후자를 선택했다. 그는 자신
의 입맛에 맞는 의견에 섣불리 손을 들어주면 박스 사고를 더 악화
시킨다는 것을 알았다. 하지만 세종이 반드시 하는 일이 있었다. 바
로 검증이다. 검증은 두 가지 방식으로 진행되었다. 생각을 모으는
과정 중에 하는 검증과 사후 검증이다. 여기에 관찰과 사실 확인이
라는 두 가지 방법이 사용되었다. 관찰은 생각을 모으는 과정에서
사용하는 것이고, 사실 확인은 사후적으로 검증하는 방법이다. 세

종은 이 과정을 통해 어떤 의견에 방점을 찍어야 하는지를 판단하려고 했다.

관찰

세종이 다른 사람들의 생각을 섞기 위해 하는 특이 행동이 있다. 그는 말하는 사람들을 관찰했다. 그는 관찰을 통해 누구의 말에 더 가중치를 둘 것인지 판단했다. 다양한 의견을 통해 전체를 본다고 해서 모든 사람들의 말에 동일한 가중치를 두는 것은 아니다. 보통의 리더들은 이 가중치에 자신의 의중을 섞는다. 자기 의견에 더 가까운 의견에 무게를 두는 것이다. 하지만 이것은 박스 사고를 강화하는 나쁜 방법이다. 세종은 누가 더 자기 의중을 잘 아는가를 관찰하지 않았다. 누가 더 신빙성이 있는 의견을 내는지를 살폈다. 세종은 자기 의견과 다른 생각을 말해도 신빙성이 높다고 판단하면 자신의 의견을 수정했다. 이것을 위해서는 객관적 시각에서 사람을 살피는 것이 필요하다. 세종의 관찰 방식은 다음 세 가지였다.

- **논리와 사실 관계 살펴보기:** 누구의 말이 더 논리적이고 사실 관계에 입각해 있는지를 살폈다. 논리적이라는 말은 말에 인과 구조가 있다는 뜻이다. 이런 이유로 이렇게 해야 한다고 주장하는 것을 말한다. 세종은 그 논리를 뒷받침하는 사실 관계까

지 살폈다. 그는 원인도, 그에 대한 처방도 사실에 입각해 있어야 한다고 생각했다.

- **감정 살펴보기**: 세종은 논의를 할 때 감정에 치우치는 것을 위험하다고 여겼다. 이성을 잃으면 논의의 핵심에 접근하기 어렵다고 판단했기 때문이다.
- **개인적 이익 살펴보기**: 세종은 말의 논리 속에 사적 이익을 숨기고 있는 것은 아닌지를 살폈다. 개인의 이익을 위한 의견은 전체를 위험하게 할 수 있다고 생각했기 때문이다.

세종의 관찰에 대해 알 수 있는 기록이 있다. 세종 1년에 있었던 일로, 편전에서 정무를 보고 마련한 술상에서 참찬 김점과 예조판서 허조가 논쟁을 했다. 중국의 법과 제도를 받아들이는 것에 대한 논쟁이었다.

김점: 전하께서 하시는 정사는 마땅히 금상황제의 법도를 따라야 할 줄로 아옵니다.

허조: 중국의 법은 본받을 것도 있고 본받지 못할 것도 있습니다.

김점: 신은 황제가 친히 죄수를 끌어내어 자상히 심문하는 것을 보았습니다. 전하께서도 본받아 주시기를 바라옵니다.

허조: 그렇지 않습니다. 관을 두어 직무를 분담시킴으로써 각기 맡은 바가 있사온데, 만약 임금이 친히 죄수를 결제하고 대소를 가리지 않는다면, 관을 두어서 무엇하오리까.

김점: 온갖 정사를 전하께서 친히 통찰하시는 것이 당연하옵고 신하에게 맡기시는 것은 부당하옵니다.

허조: 그렇지 않습니다. 어진 이를 구하기 위하여 노력하고, 인재를 얻으면 편안해야 하며, 맡겼으면 의심을 말고, 의심이 있으면 맡기지 말아야 합니다. 전하께서 대신을 선택하여 육조의 장으로 삼으신 이상, 책임을 지워 성취토록 하실 것이 마땅하며, 몸소 자잘한 일에 관여하여 신하의 할 일까지 하시려고 해서는 아니 됩니다.

김점: 신은 뵈오니, 황제는 위엄과 용단이 측량할 수 없이 놀라워, 육부의 장관이 정사를 아뢰다 착오가 생기면, 즉시 금의의 위관을 시켜 모자를 벗기고 끌어내립니다.

허조: 대신을 우대하고 작은 허물을 포용하는 것은 임금의 넓으신 도량이거늘, 이제 말 한마디의 착오 때문에 대신을 주륙하며 조금도 사정을 두지 않는다면, 너무도 부당한 줄 아옵니다.

… 김점은 발언할 적마다 지루하고 번거로우며, 노기만 얼굴

에 나타나고, 허조는 서서히 반박하되, 낮빛이 화평하고 말이 간략하니, 임금은 허조를 옳게 여기고 김점을 그르게 여겼다.

— 세종 1년 1월 11일

김점의 논리는 중국의 황제가 하면 조선의 왕도 따라야 한다는 것이었다. 중국 황제는 죄수조차도 몸소 심문하여 죄를 소상히 밝히려고 노력하고 있으니 세종도 그렇게 하면 좋겠다는 의견이었다. 하지만 그는 왜 그렇게 해야 하는지에 대한 논리가 없었다. 명나라의 황제가 그렇게 하니 따라서 하는 것이 가장 좋은 방법이라는 것이다. 반면 허조의 논리는 정연했다. 그는 따라 할 것이 있고 그렇지 않은 것이 있다고 말하며 그 이유를 논리적으로 조목조목 사실관계를 따져 설명하고 있다. 그는 죄인을 심문하는 일을 맡은 관리가 있는데 왕이 나설 필요는 없다고 했다. 모든 죄인을 왕이 취조하는 것은 시간 낭비라는 것이다. 그는 관리를 두었으면 그 관리가 맡은 바 일을 잘할 수 있도록 해야지 왕이 친히 모든 일을 하려고 해서는 안 된다고 말했다. 그러면 관리를 둘 필요가 없다는 것이다. 또 다른 논쟁도 있었다. 김점은 명나라에서는 육부 장관들이 일을 하다 잘못되면 황제가 호위병을 시켜 모자를 벗기고 끌어내려 위용을 세웠다고 말했다. 그러니 세종도 그렇게 하라는 말이었다. 그러자 허조는 그것은 임금의 넓은 도량을 허무는 행위로, 실수를 범한 신하를 모욕적으로 벌주는 일은 해서는 안 된다고 주장했다. 이 기록의 말미에는 두 사람의 말하는 방식과 태도를 세종이 관찰했다는 기록이 나온다. 김점은 말이 길고 지루했고 허조가 계속 반론하자 얼굴이 일그러지면서 화를 냈으나, 허조는 평온한 마음으로 자기가 할 말을 차분하게 설명했다. 이를 본 세종이 허조가 옳다고 생각했다는 것이다.

개인적 이익 살펴보기에 대해 알 수 있는 기록도 있다. 세종 시대에 가장 많은 토론이 이루어진 단일 주제는 고을 수령의 임기였다. 여기에는 두 가지 안이 있었다. 30개월로 하자는 삼기제三期制와 60개월로 하자는 육기제六期制였다. 신하들은 고을 수령이 한곳에서 너무 오래 근무하면 각종 비리가 많아진다고 주장하며 삼기제를 선호했다. 세종은 전문성을 가지고 지방의 사정에 밝아지기 위해서는 육기제가 좋다고 생각했다. 이 문제가 세종 22년 또다시 뜨거운 논쟁으로 떠올랐다.

> 호조참판 고약해가 아뢰기를 "수령의 육기법은 진실로 아름다운 법입니다. 그러하오나 수령이 되는 자가 6기의 오랜 것을 꺼려서 민사에 게으르므로, 백성들이 교활한 아전에게 침노당하여 원망을 품는 것이 적지 않사옵니다. 신은 3년으

로 고치기를 청하옵니다. 신이 몸소 수령을 지낸 까닭으로
그 폐해를 잘 아옵니다." 약해가 나가니, 임금이 김돈에게 이
르기를 "6기의 법은 가볍게 의논할 수 없다. 그러므로 내가
감히 경솔하게 대답하지 아니하였다."

— 세종 22년 1월 19일

여러 신하가 일을 아뢰고 나서 다 물러가니, … 돈에게 이르
기를, … "약해는 뜻은 크나 행실은 가리지 못하여, … 효령
대군에게 들으니 … 약해가 효령의 집에 와서 말하기를 …
'수령의 6기는 괴로운 것이다. 3년이면 가할 것이다'라고 하였
다 한다. … 이조에서 경주부윤을 주의할 때에 약해도 함께
추천하였는데, 내가 생각하기를, 약해는 외임에서 교대된 지
가 오래지 아니하였다 하여, 다른 사람을 제수하였으니, 약
해가 어찌 듣지 못하였겠는가. 약해의 오늘 한 말은 반드시
미리 후일을 위하여 한 것일 것이다. 인신은 진실로 험하고
편한 것을 피하지 않을 것인데, 약해가 수령을 싫어하고 꺼
리고 여러 가지로 아뢰니, 인신으로서 임금을 섬기는 뜻이
매우 아니다."

— 세종 22년 3월 18일

세종 22년 1월 19일, 호조참판 고약해가 삼기제의 도입을 재차 주장했다. 세종은 아무 말도 하지 않고 있다가 고약해가 나간 후 비서실장인 도승지 김돈에게 쉽게 결정할 일이 아니어서 대답하지 않았다고 말했다. 하지만 세종의 속마음은 달랐다. 3월 18일에도 고약해는 삼기제를 다시 주장했다. 세종은 그가 나가고 난 후 김돈에게 자신의 속마음을 털어놓았다. 고약해는 뜻은 크지만 행실이 이기적이라는 것이었다. 세종의 형인 효령대군에게 가서도 삼기제가 옳다는 말을 하면서 60개월씩 지방에서 썩는 것은 괴로운 일이라고 했다는 것이다. 이조에서 경주부윤을 추천(주의注擬)할 때 고약해도 추천 대상이었지만 기존 보직을 맡은 지 60개월이 되지 않아 다른 사람을 임명했는데, 분명 이 사실을 고약해가 알고 있었으리라는 추측이었다. 오늘도 고약해가 와서 삼기제를 주장하는 것은 승진할 때 자신에게 유리하게 하기 위해서였을 거라고 세종은 생각했다. 신하(인신人臣)는 험한 일이나 궂은일도 다 해야 하는데 고약해는 자기의 이익을 좇아 말을 하고 있으며, 이는 옳지 않다고 지적하고 있다.

세종은 신하들의 말을 들을 때면 논리가 충분하고 사실에 입각해 있는지, 감정은 차분하게 다스리고 있는지, 자신의 이익을 좇아 말을 하는 것은 아닌지 꼼꼼히 살피고 의사결정을 했다. 이것이 세종이 사람들의 의견을 들을 때 쓰는 한 방법이었다. 세종은 이 부분들이 부족한 말에 대해서는 큰 의미를 두지 않았다.

사실 확인

세종의 또 다른 특징 중 하나는 집요하게 사실 확인을 했다는 점이다. 리더와 조직원들이 모여 회의를 하는 경우 사실과 무관한 논의를 하는 경우가 많다. 소위 말하는 탁상공론이다. 탁상공론은 명분이나 원칙만 가지고 의사결정을 할 때 나타난다. 세종은 이것을 매우 경계했다. 탁상공론이다 싶을 때는 반드시 사실 확인에 나섰다. 세종 15년 4월 8일의 기록에는 물레방아인 수차水車에 대한 내용이 있다. 박서생이라는 신하가 일본에 사신으로 다녀오면서 일본이 수차를 아주 잘 활용하고 있는 것을 보고 조선에서도 이것을 적극적으로 활용하자고 보고했다. 그런데 좌승지 김종서가 반대했다. 전에도 우희열이 수차를 많이 만들어 써봤는데 실용성이 떨어진다는 것이었다. 세종은 중국과 일본에서는 수차를 잘 사용하고 있는데 왜 조선에서만 실용성이 떨어지는지 의아했다. 김종서는 조선의 샘물이 낮은 곳에 있어 이것을 퍼 올리기 어렵다는 이유를 들었다. 그는 억지로 물을 끌어 올리기 위해 사람들을 100배로 동원해도 수차로 물을 댈 수 있는 논밭이 30평 정도인 1무畝에 불과하다고 말했다. 게다가 그마저도 수차를 멈추면 물이 땅으로 스며들어 헛고생만 한다는 것이었다. 세종은 이에 의구심을 가졌다. 그래서 환관을 시켜 수차를 궁 안에 설치하게 하고 실험하면서 관찰했다. 김종서의 말이 사실임이 확인되었다. 그러자 세종은 사람을 써서 돌리는 수차는 폐기하고 자연히 돌아가는 수차는 그대로 두라고 명령했다.

세종이 사실 확인을 중시했다는 것은 조선의 농사책인 《농사직설農事直說》과 관련된 일화에서도 볼 수 있다. 이 책이 나오기 전까지 지방의 지도자들은 중국의 옛 농서에 의존해 농사를 지었다. 하지만 중국 농서에 담긴 정보는 중국을 기준으로 한 것이기 때문에, 풍토가 다른 조선에 적용하기에는 무리가 있었다. 이에 세종은 정초, 변효문 등에게 우리나라 각 지역에 맞는 농사법을 조사하여 책을 만들게 했다. 그들은 각 도道의 관찰사에게 명해 경험 많은 농부들의 경험을 모아 《농사직설》을 펴냈다. 그런데 세종은 여기서 그치지 않았다. 그는 궁궐 후원에 논을 만들고 《농사직설》에 적힌 대로 농사를 지어 책에 적힌 농법이 효과적인지를 검증했다. 이렇게 세종은 조사를 통해 도출된 정보를 한 번 더 확인함으로써 일을 올바른 방향으로 진행하고자 했다.

5

생각 증폭하고 통합하기

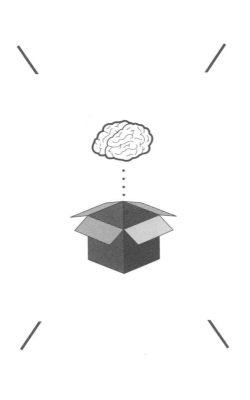

1. 찬성과 반대를 통한 정보 증폭

    리더가 생각을 언박싱하기 위해 필수적으로 해야 하는 일이 하나 있다. 결정을 내리기 전에 참여하는 사람들의 정보 다양성을 최대한 증폭시키는 것이다. 의사결정이 창조적이지 못한 이유는 결정 참여자들의 편협한 사고 때문이다. 편협한 사고를 없애려면 참여자들의 다양성을 극대화해야 한다. 다양성에는 여러 유형이 있다. 사람들의 배경이나 특성 차이, 예를 들면 나이, 성별, 인종으로 인한 차이를 인구통계학적 다양성이라고 한다. 살아온 문화의 차이에 의한 다양성은 문화 다양성이라고 한다. 가치관의 차이에 의한 다양성도 있고, 어떤 일을 하는지와 관련된 기능 다양성도 있다. 그리고 이들보다 훨씬 중요한 다양성이 있는데, 그것은 바로 정보 다양성이다.[29] 사실 인구통계학적, 문화적, 가치적, 기능적 다양성은 궁극적으로 정보 다양성과 관련이 있다. 한 예로 서로 다른 문화권에 사는 사람들이 서로 다른 정보를 가지고 있는 것을 들 수 있다. 어떤 형태이든 집단이 창조적이 되기 위해서는 단일 정보가 아닌 다양한 지식과 정보가 있어야 한다.

정보 다양성 역시 매우 다양한 방식으로 존재하지만 가장 기본적인 것은 찬성과 반대다. 찬성은 어떤 행동이나 견해, 제안 등에 대해 옳거나 좋다고 판단하는 것을 말한다. 반대는 어떤 행동이나 견해, 제안 등에 맞서는 것을 말한다. 찬성과 반대를 표하는 이유는 어떤 행동이나 견해, 제안 등에 대해 가지고 있는 정보가 서로 다르기 때문이다. 보통 리더들은 자기 의견에 찬성하는 사람들을 좋아하고 반대하는 사람들을 싫어한다. 반대를 다름으로 인식하는 것이 아니라 틀림으로 인식하기 때문이다. 찬성은 옳은 판단이고 반대는 틀린 판단이라고 생각하는 것이다. 하지만 이런 생각은 오류다. 앞에서 다름과 틀림의 차이를 설명한 바 있다. 찬성과 반대는 비록 의견이 맞서기는 하지만 옳고 그름의 문제가 아니라 둘 다 옳은 것 즉, 다름의 문제로 보아야 한다. 찬성을 뒷받침하는 정보만 옳은 것이고 반대를 뒷받침하는 정보는 잘못된 것이 아니기 때문이다. 찬성과 반대는 얼핏 이질적이고 갈등 관계에 있는 것처럼 보이지만, 찬성만 고집하는 사람들에게 반대는 전혀 다른 세계를 열어주는 창문이 될 수 있다. 찬성 정보는 자기 생각을 재차 확인하는 데에는 좋을지 모르나 전체적인 정보를 확장하는 데에는 불리하다. 찬성 정보는 확증 편향이라는 오류를 저지르게 하기 때문이다. 확증 편향이란 자신이 가지고 있는 정보와 외부의 정보가 일치할 경우 확신에 이르면서 새로운 정보를 얻기 위한 활동을 멈추는 것을 말한다. 이렇게 되면 자신의 의견과 일치하는 정보 이외의 다른 정보를 얻을 수 없다. 그래서 찬성 정보가 위험한 것이다. 또 조직원들은 리더가 어떤 것을 선호하는지 살펴 거기에 찬성표를 던지는 성향이 있다. 이렇게 되면 그 조직은 집단 매몰 사고에 빠지게 된다. 이것을 방지하는 방법은 반대 정보를 끌어들이는 것이다. 반대가 주는 효과는 다음과 같다.

찬성 정보만으로는 볼 수 없는 반대쪽 시야를 열어준다

반대는 찬성만으로는 볼 수 없는 세계를 볼 수 있게 해준다. 이를 통해 찬성 의견이 갖는 취약점이나 위험을 사전에 대비할 수 있도록 해주는 효과가 있다. 그래서 서양에서는 반대를 '악마의 변호devil's advocacy'라고 부른다. 반대라는 악마를 통해 미래를 본다는 의미다. 이것을 잘 활용하는 기업이 3M이다. 3M에서는 새로운 제품을 생산하거나 시장에 출시하기 전 악마의 변호인들과 마주해야 한다. 이 기업이 레이저 디스크라는 제품을 출시했을 때였다. 개발팀은 제품 생산에 들어가기 전, 악마 변호인단의 질문 공세를 받았다. 계획한 시장 규모가 합당한지, 생산 비용은 제대로 뽑았는지, 소비자가 좋아할 만한 요소는 갖추었는지 등을 집중적으로 심문당했다. 여기서 제기된 문제들을 꼼꼼히 살펴보고 수정한 후에야 이 제품은 출시되었다. 악마의 변호와 비슷한 방법이 변증론적 질문dialectical inquiry이다. 하나의 아이디어가 나오면 참석자들에게 완전히 반대의 대안을 만들어보라고 주문하는 것이다. 이 방법을 통해 기존의 아이디어가 가지고 있는 단점을 찾아낼 수 있다. 반대 시각이나 대안적 시각을 끌어낸다는 점에서 악마의 변호와 같다.[30]

찬성과 반대가 부딪치면서 정보가 증폭된다

찬성과 반대가 부딪치면 찬성만으로는 알 수 없는 정보들이 증폭되는 놀라운 일이 벌어진다. 앰프와 스피커를 통해 소리가 증폭되는 것처럼 찬과 반의 부딪침은 정보를 증폭시킨다. 반대를 하려면 그에 맞는 논리와 증거가 있어야 한다. 이것을 가만히 듣고 있으면 반대의 논지가 무엇인지, 왜 그런 생각을 하는지에 대한 추가적인 정보를 얻을 수 있다. 찬과 반이 부딪쳐 정보가 증폭되는 예를 이스라엘의 '후츠파chutzpah' 정신에서 찾을 수 있다. 후츠파는 '담대한'이라는 긍정적인 뜻을 가지고 있지만 '저돌적으로 대드는'이라는 부정적 의미도 가지고 있다. 이 후츠파가 이스라엘 사람들을 창조적으로 만들어준 가장 핵심적인 정신이다. 한마디로 뻔뻔할 정도로 상대방의 의견에 반대하고 주장하는 것을 말한다. 이스라엘 사람들은 말도 안 되는 반대 의견을 대들듯이 던지면서도 상대의 기분에 개의치 않는다. 이런 과정에서 희한한 일이 벌어진다. 정보가 엄청나게 증폭되고 이를 통해 상식을 뛰어넘는 새로운 아이디어가 튀어나온다.

창조적인 리더와 그렇지 않은 리더를 구분하는 방법이 있다. 찬성과 반대라는 이질적인 정보를 얼마나 잘 활용하는가를 보는 것이다. 리더가 자신의 의견에 반대하는 사람을 짜증스러운 눈초리로 보고 있다면 이 사람은 하수다. 이런 리더가 있는 조직에서는 리더가 좋아하는 정보만 만들어질 뿐 반대를 통해서만 알 수 있는 정보 증폭이 일어나지 않는다. 고수는 찬성과 반대를 의도적으로 부딪치게 만들어 정보를 증폭시킬 줄 안다. 이를 통해 자신이 무엇을 놓치고 있는지, 그리고 반대편에는 어떤 길이 있는지를 알려고 한다.

2. 세종의 방법: 견광지

　　세종은 확실히 고수다. 그는 찬성과 반대를 활용해 정보를 증폭시키는 능력을 가지고 있었다. 이를 위해 그가 습관처럼 사용하는 방법이 있었다. 바로 견광지絹狂止다. 견絹과 광狂은 《논어論語》의 자로子路편에 나오는 말이다. 공자는 "중도中道를 취하기 어려우면 광자와 견자를 이용하라(필야광견호必也狂狷乎)"고 말했다. 광자는 무언가 해보려는 진취進取성이 있고, 견자는 하지 않으려는(유소불위有所不爲) 특성이 있기 때문에 이를 잘 조합하면 중도를 얻을 수 있다는 것이다. 공자가 말하는 중도는 단순히 가운데가 아니다. '해보자'와 '하지 말자'가 결합하면서 만들어지는 새로운 생각이라는 의미를 가지고 있다. 현대적 의미로 해석하면, 광자는 찬성에 손드는 사람이고 견자는 반대에 손드는 사람이다. 이것을 이용해 새로운 생각을 얻을 수 있다고 공자는 말했다.

세종은 공자의 이 방법을 적극적으로 활용했다. 하지만 공자보다 활용의 깊이가 깊었다. 그는 견과 광을 중도에 이르는 방법으로 본 것이 아니라 다양하고 이질적인 정보를 증폭시키는 도구로 이해했다. 그리고 그는 견과 광만으로는 새로운 생각에 도달할 수 없다고 생각했다. 견과 광이 부딪쳤다고 반드시 새로운 생각을 얻을 수 있는 것은 아니라는 말이다. 어떤 때에는 그 충돌이 혼란과 갈등만 가중할 수도 있다. 그래서 세종은 견과 광이 합쳐지기 위한 또 다른 과정이 필요하다고 생각했다. 그것이 지止다. 지는 그친다는 의미다. 다른 말로 하면 쉬었다 하자는 말이다. 여기에 세종의 놀라운 통찰이 있다. 이 말은 창조 이론을 모르는 사람들에게는 별로 중요해 보이지 않을 수 있다. 하지만 창조를 이해하는 사람은 이 말이 얼마나 중요한 것인지 안다. 쉼은 다음과 같은 효과가 있다.[31]

생각 피로 회복

찬과 반이 부딪치면 더 이상 진전이 없는 순간이 온다. 그저 혼란스러운 시간이 지나갔으면 하는 마음이 간절할 뿐인 시기다. 이럴 때는 아무리 머리를 써도 생각이 더 이상 나지 않고 다람쥐 쳇바퀴 돌듯 같은 말만 반복하게 된다. 머리를 계속 사용하다 보니 피로해졌기 때문이다. 이 순간 쉼은 머리를 식혀주는 기능을 한다.

건전한 의심

잠깐 쉬다 보면 자신의 논리에 무리가 있다는 것을 깨닫는 경우가 있다. 찬반 토론을 하는 자리에서는 기 싸움이 붙었지만 잠깐 쉬면서 머리를 식히고 나면 자신의 의견에 문제가 있는지 의심하게 된다. 또 쉬면서 이런 생각을 한 경험도 있을 것이다. '그 말도 일리는 있어.' 이런 생각은 상대의 의견이 자신에게 스며들고 있음을 의미한다. 이렇게 잠시 쉬는 단계를 통해 자신의 기존 주장을 조금씩 내려놓으며 다른 생각을 받아들일 준비를 하게 된다.

새로운 생각 단서 포착

쉼은 생각이 멈추는 현상이 아니다. 창조는 무슨 공식처럼 기계적으로 일어나지 않는다. 창조적 생각은 우연한 상황에서 전혀 엉뚱한 영감을 얻어 떠오르는 경우도 많다. 쉼은 바로 이런 우연성이 생각 속으로 침투하도록 만들어주는 장치다.

생각 가지치기

건전한 의심을 하고 새로운 영감을 얻으면 머리는 생각 가지치기에 돌입한다. 가지치기란 찬과 반이 부딪쳐 혼란스러워진 정보들로부터 서로의 약점은 무엇이고 장점은 무엇인지, 그리고 현 상황에서 어느 방향으로 나아가야 하는지에 대한 새로운 단서를 얻어 불

필요한 생각을 정리하는 것을 말한다. 이것은 생각의 과정에서 매우 중요하다. 머리는 상반되는 정보를 너무 많이 가지면 혼란스러워한다. 이 중 일정 부분을 가지치기해야 정보 처리량도 줄일 수 있고 새로운 정보가 들어올 틈도 만들어진다.

생각 초점화

가지치기가 이루어지면 머리는 이제 자신이 어디로 가고 있는지를 찾기 시작한다. 찬반 토론을 통해 나온 많은 대안들을 가지치기하고 나면 대안의 수가 줄어들면서 생각이 한 방향으로 가닥을 잡게 된다. 이것이 초점화다.

생각 통합

뇌는 쉰다고 정말 쉬는 것이 아니다. 서로 다른 정보가 머릿속에서 부딪치면 혼란 상황이 만들어진다. 뇌는 이것을 가장 싫어한다. 그래서 찬반 토론을 통해 얻은 정보에서 새로운 영감을 받은 후 생각을 적당히 잘라내고 붙이는 편집 과정을 거쳐 전혀 새로운 생각으로 나가기 위한 준비를 한다. 이것이 생각의 통합 과정이다. 토론이 격렬해지면 리더 역시 뭐가 뭔지 알기 어렵다. 이때 쉬면 피로했던 뇌가 다시 활기를 찾게 된다. 그러면 양쪽 생각이 정리되고 자기도 모르게 통합을 시도하게 된다. 찬반의 쟁점이 무엇인지를 생각하다 보면 기존에 가졌던 생각의 문제들이 뚜렷해질 수 있다. 또한 쉬다 보면 전혀 엉뚱한 생각이 떠오를 수도 있다.

3. 허조와 변계량의 견광과 세종의 지

세종에게는 특이한 신하가 두 명 있었다. 허조와 변계량이다. 허조는 고려 말 과거에 급제한 후 세종 때 이조판서, 예조판서 및 우의정과 좌의정을 지낸 인물이다. 그는 매우 깐깐한 사람으로 세종도 혀를 내두를 정도였다. 국가 일은 상황에 따라 유연하게 처리해야 할 때가 많다. 그런데도 허조는 명분이나 원칙을 벗어날 때는 한 치의 물러섬도 없이 반대했다.

허조가 아뢰기를 "부민의 원억을 호소하는 소장을 수리하여, 관리의 오판한 것을 처단하게 하는 것은 존비의 구분을 상실할까 두렵습니다. … " 하매, 임금이 말하기를 "고금 천하에 어찌 약소한 백성은 원억함도 말하지 못하게 해야 하는 이치가 있을 수 있겠는가. 경의 뜻은 좋지만, 정사로서 실시하기에는 정당하지 않다" 하였다. 조가 물러가니, 임금이 안숭선에게 말하기를 "(허)조는 고집불통이야."

— 세종 15년 10월 23일

허조가 세종에게 자신의 주장을 굽히지 않는 대목을 보여주고 있다. 허조는 백성이 억울한(부민部民의 원억寃抑) 일로 소장을 낼 때마다 관리에게 책임을 물으면 위아래(존비尊卑)의 구분이 사라져 국가 경영에 문제가 있을 수 있다고 주장했다. 이 주장은 부민고소금지법部民告訴禁止法과 관련이 있다. 백성은 관리를 고소할 수 없다는 법이다. 매우 이상한 법처럼 보이지만 이유가 있었다. 이 법의 제정은 고려시대로 거슬러 올라간다. 고려시대만 해도 향토 세력의 힘이 막강했다. 이들은 자기 고향에 새로운 관리가 임용되면 백성들을 부추겨 관리의 비리를 고발했다. 향토 세력들이 자신의 입맛대로 관리를 순응시키기 위해서였다. 그러다 보니 중앙정부의 힘이 약화되는 일이 벌어졌다. 이런 부작용을 막기 위한 방편으로 백성들이 관리를 고발하지 못하게 하는 법을 만들었다. 세종 때도 이 법이 채택되었다. 문제는 관리들이 이 법을 이용해 백성들을 핍박한다는 것이었다. 세종이 이 문제를 해결하려고 하자 허조가 국가 기강이 무너진다는 이유로 반대했다. 하지만 세종은 관리란 억울한 백성의 말을 성실히 들어줄 책임이 있는 사람이라며 허조의 말에 동의하지 않았다. 허조가 나가자 세종은 비서실장인 지신사(훗날 도승지로 개칭) 안숭선에게 허조는 정말 고집이 센 사람이라며 속내를 말했다. 허조는 반대 의견을 내기로 유명한 사람이었다. 그는 세종이 이미 결론 낸 것에도 반대 의견 내기를 서슴지 않았다.

> 허조가 또 아뢰기를 … "야인들이 사납고 날래고 간교하여, 만약 가서 치면 산에 오르고, 군사를 돌이키면 다시 와서 도둑질하여, 국경의 분쟁이 이로부터 끊어지지 않을 것이오니 한갓 우리의 군사만 괴로울 것입니다. … 신이 밤중에 되풀이해 생각해보니, 성상께서 마음속으로 큰일을 이미 정하셨는데, … 이는 안팎이 일치하지 않은 것이므로 중지하시기를 울면서 청하옵니다."
>
> ― 세종 15년 1월 18일

세종이 여진족 이만주를 토벌하는 것으로 결론을 내고 출정일을 4월 그믐으로 정하는 등 모든 준비를 끝냈을 때였다. 출정이 얼마 남지 않은 시점에서 허조가 반대 의견을 다시 개진했다. 아무리 생각해보아도 이번 정벌은 미래에 불안만 초래할 것 같다는 것이었다. 정벌을 해도 야인들의 습성상 국경 분쟁이 오히려 늘어날 것이라며 출정을 멈출 것을 요청했다. 허조의 간언에도 여진족 정벌은 예정대로 진행되었다. 하지만 허조는 정책 시행에 조금의 부작용이라도 있다고 생각하면 가차 없이 반대 의견을 피력했다. 실록에서는 이런 허조의 모습을 '허조만 홀로 아뢰며'라는 말로 표현하고 있다. 모든 사람이 찬성하는 사안에 대해 허조만 혼자 반대하는 경우가 많았다는 말이다. 그런데도 세종은 허조를 무한 신뢰했다. 세종은 허조를 국가 정책 결정에 문제가 없는지 점검하는 창구로 활용했다. 허조가 죽었을 때 세종은 진심으로 슬퍼했다.

변계량이라는 신하도 특이하다. 고려 말 과거에 급제해 관료가 된 후 세종 시절 20년 동안 대제학 벼슬을 산 사람이다. 집현전을 대표하는 사람이면서 과거시험을 주관해 인재를 선발하는, 오늘날로 치면 정부 인사혁신처장의 일도 맡았다. 20년간 대제학을 한 이유는 이 자리가 종신직이었기 때문이다. 변계량은 허조와는 달리 세종의 의견에 찬성하는 경우가 많았다. 그러다 보니 허조와는 전쟁을 불사할 정도로 의견이 부딪치는 일이 잦았다.

> 임금이 말하기를 "산릉에 나아가는 의식에 불교 의식을 겸용하는 것이 옳겠소" 하니, 변계량은 겸용하여도 좋다고 하였으나, 홀로 허조가 옳지 못하다고 대답하였다.
>
> — 세종 1년 11월 1일

산릉山陵이란 역대 왕들과 왕후들에 대한 제사 의식을 말한다. 세종이 이때 일부는 불교 의식으로 치르면 어떻겠느냐고 물었다. 변계량은 찬성했고 허조는 결사반대했다. 두 사람은 이런 식으로 부딪쳤다. 두 사람의 의견이 가장 치열하게 맞붙은 것은 과거시험의 강경에 대한 것이었다. 앞서 설명했듯이 강경이란 과거시험 대과 2차 시험인 복시를 보는 방식의 하나다. 2차 시험은 초장, 중장, 종장의 3단계로 치러졌다. 강경은 이 중 첫 단계인 초장에서 사서삼경을 암기하고 있는지 보는 시험을 말한다. 강경은 방대한 양의 사서삼경을 모두 외우고 있어야 시험을 볼 수 있어 보통 일이 아니었다. 마치 백과사전을 통째로 외우는 것과 비슷했다. 그러다 보니 수험생들이 문과보다는 무과에 몰려들었다. 게다가 시험관의 비리도 많았다. 강경을 볼 때 시험관이 자기가 아는 수험생이 들어오면 쉬운 문제를 내거나 뇌물을 받고 후한 점수를 주기도 했다. 이런 일로 강경은 뜨거운 이슈였다. 이 문제를 가지고 변계량과 허조가 맞붙었다.

예조의 아룀에 인하여 과거의 일을 의논하는데,

변계량: 신이 과거를 두 번이나 관장하였사온데, 강경의 법은 실상 옳지 못합니다. 지금의 유자들은 구독하는 데 구속을 받아, 한갓 읽어 외우는 것으로만 업으로 삼는 까닭으로

그 기질이 고체되고 사부에 능하지 못하며, 더구나 시관이 과거 보는 선비를 면대하게 되니, 어찌 사심이 없겠습니까. … 지금 서울 안의 자제들은 문과는 따라갈 수 없다고 하여 모두 무거에 쏠리게 되니 염려하지 않을 수 없습니다.

…

허조: 의리에 해가 있으면 고쳐 만드는 것도 옳겠지마는, 의리에 해가 없으면 육전에 기록되어 있는 태조의 성헌을 고칠 수 없습니다. 시험을 맡아 주장하는 사람이 사심만 없으면 선비를 뽑는 데 어찌 부정한 일이 있겠습니까.

…

변계량: 법은 때에 따라서 변경할 수도 있으니, 어찌 고집할 수가 있겠습니까.

— 세종 즉위년 12월 13일

먼저 변계량이 말을 꺼냈다. 강경은 좋지 않은 제도라는 것이다. 유생(유자儒者)들이 사서삼경을 왜 읽어야 하는지, 그리고 어떻게 활용해야 하는지를 생각하지 않고(그 기질이 고체固滯되고 사부詞賦에 능하지 못하며) 오로지 외우는 것(구독口讀)에만 신경을 쓴다는 이유였다. 그리고 시험관(시관試官)이 수험생과 대면하여 시험을 보고 채점하다 보니 부정이 생기는 것도 문제였다. 이런 폐단으로 한양 고시생들이 강경이 없는 무과시험(무거武擧)으로 몰리고 있다는 것이 변계량의 주장이었다. 이에 허조가 맞섰다. 인간의 도리(의리義理)에 문제가 있으면 모르겠지만, 그렇지 않다면 이미 태조(이성계) 때 만들어진 법(태조의 성헌成憲)인 육전六典을 어기는 것은 태조왕에 대한 의리를 저버리는 것이라고 주장했다. 그러자 다시 변계량이 받아쳤다. 아무리 태조 때 만들어진 법이라도 상황이 변하면 그에 따라 변해야 한다는 것이었다. 견광지의 원리에 의하면 강경 폐지를 반대하는 허조의 의견은 견에 해당하고 찬성하는 변계량의 의견은 광에 해당한다. 강경 문제에 대한 허조의 견과 변계량의 광은 이후에도 여러 번 부딪쳤다. 논쟁은 쉽게 끝나지 않았다. 첨예한 대립 속에서 세종은 그치게 하기(지)를 반복했다. 최초의 논쟁부터 생각해보면 무려 19년 동안 그치게 하기를 한 것이다. 19년이 지난 어느 날 드디어 세종이 새로운 생각에 도달했다.

> 허조: 국학의 유생들은 전혀 사장만 익히고 경서는 읽지 않으니 폐단이 실로 적지 않습니다. 이것은 다름이 아니오라 과거에서 강경하지 않는 까닭이오니, 강경법을 시행하게 되면 자연히 실학에 힘쓰지 않을 수 없을 것입니다.
> 세종: 내가 항상 이것을 염려하였으되 아직도 결정짓지를 못했다. … 가히 대신들과 함께 의논해서 결정하면 내가 마땅

히 따르겠다.

… (강경에 대한 신하들의 반대 의견과 이에 대한 수정 의견이 나옴.)

세종: 과거 보는 해마다 먼저 제술로서 취하되, 궐정에 나아가 내가 친히 글을 외우게 하여 그 학문을 보게 하는 것이 어떻겠느냐.

…

신인손: 전하의 건강에 피로하실까 염려되옵니다.

세종: 무엇이 피로하겠느냐. 하루 동안을 한정할 것이 아니라, 비록 5, 6일이라도 좋을 것이다.

— 세종 19년 9월 3일

세종 19년이 돼서야 강경 문제가 일단락되었다. 세종은 과거시험 순서를 완전히 바꿔 문제를 해결하는 방법을 생각해냈다. 기존에는 1차 시험인 초시에서 논술을 보았고, 2차 시험인 복시의 초장에는 외우는 시험인 강경을 보고, 중장과 종장에 논술시험인 제술을 보았다. 왕이 직접 주관하는 3차 시험 전시에서는 복시 합격자들에게 왕의 질문에 답하는 면접시험인 책문策問을 보게 해 등급을 나누었다. 논란의 핵심은 2차 시험의 첫 관문인 초장에 강경을 볼 것인가에 대한 것이었다. 세종의 새로운 생각은 대과의 2차 시험인 복시에서도 초장, 중장, 종장 모두 논술시험인 제술만을 보게 하고, 3차 시험인 전시 때 자신이 시험 장소인 궐정闕庭에 나가 책문을 하는 대신 강경을 하면 어떻겠냐는 것이었다. 3차 시험인 전시에서는 떨어뜨리는 사람은 없고 등급만 매기기 때문에 잘 못 볼 경우 등급이 낮아지긴 하겠지만 시험에 떨어지는 것은 아니니 강경으로 인한 스트레스를 줄일 수 있을 것이라는 예상이었다. 그렇지만 왕이 시험을 주관하니 강경을 대충 준비하지는 못할 것이고, 시험 출제자가 왕이니 시험관의 비리도 없앨 수 있을 거라고 생각했다. 세종의 생각은 변계량과 허조의 생각과는 전혀 다른 것이었다. 신인손이 왕의 건강이 염려된다고 하자 세종은 건강상 하루 만에 시험을 다 보는 것은 무리가 있지만 5, 6일 정도로 시간을 늘리면 괜찮으니 이 방안에 대해 생각해보자고 제안했다. 허조의 견과 변계량의 광 그리고 세종의 지가 만나 새로운 아이디어가 만들어진 경우다.

4. 통합의 달인, 황희

　세종의 시대에서는 황희를 빼놓고 말할 수 없다. 도대체 황희가 어떤 인물이었기에 세종이 그토록 아꼈을까? 이에 대해서는 조금 뒤에 설명하기로 하고 우선 황희가 누구인지에 대해 살펴보자.[32] 황희는 원래 태종에 의해서 발탁된 인물이다. 한국인에게는 청백리로 알려져 있다. 하지만 사실 황희는 다양한 얼룩을 가진 사람이다. 기록에 의하면 그는 젊었을 때 박포라는 사람의 아내와 오랜 시간 간통을 한 적이 있다. 박포는 2차 왕자의 난을 주동한 인물로, 이후 태종에 의해 처형되었다. 이 박포의 아내가 집안의 노비와 사통했다. 이 사실을 우두머리 노비가 알게 되었고, 박포의 아내가 그를 죽였다. 이것이 들통날 위기에 처하자 한양으로 도망친 그녀를 황희는 집 마당 북쪽 토굴에 수년 동안 숨겨주었다. 이때 간통을 했다는 것이 세종 10년 6월 25일의 기록이다. 또 다른 흠도 있다. 오늘날 검찰총장에 해당하는 대사헌을 할 때 황희의 별명은 황금 대사헌이었다. 설우라는 승려로부터 황금을 뇌물로 받은 사건이 알려지면서 얻은 별명이다(세종 10년 6월 25일). 사위 서달의 살인 사건을 은폐하려다 세종에게 들통난 적도 있다(세종 9년 6월 17일). 세종 22년 10월 12일에는 황희의 서자 황중생이 궁에서 금 20냥으로 만들어진 금잔과 세종의 다섯째 아들 광평대군의 금띠를 훔쳐 국문을 당한 사건이 기록되어 있다. 이에 화가 치민 황희는 자기 아들이 아니라며 서자의 성을 조가로 바꾸어버렸다. 세종 22년 11월 1일과 8일의 기록에는 황희의 둘째 아들 황보신이 공금을 횡령해 첩에게 가져다준 사건도 기록되어 있다. 게다가 황희는 세종의 정적이었다. 그는 태종 시절 세종의 형인 양녕이 후계자에서 탈락하고 세종이 왕으로 지목되자 가장 극렬하게 반대했던 인물이다. 그는 이 일로 태종에 의해 유배까지 가게 된다. 그런데도 세종은 그를 발탁하여 영의정 등 국가의 핵심적인 일을 맡기며 역사적 인물로 기억되게 만들었다.

황희의 이러한 이면에 대해 반론을 제기하는 사람들도 있다. 세종과 문종 사후 단종이 즉위하면서 《세종실록》을 편찬하는 작업이 시작되었다. 이때 정인지 등이 모여 황희에 대한 기록을 보고 의논했다.

지춘추관사 정인지가 … 이호문이 기록한 황희의 일을 보고 말하기를 "이것은 내가 듣지 못한 것이다. 감정에 지나치고 근거가 없는 것 같으니, 마땅히 여러 사람과 의논하여 정하여야겠다." … 허후가 말하기를 "김익정이 황희와 더불어 서로 잇달아서 대사헌이 되어서, 모두 중 설우의 금을 받았으므로, 당시 사람들이 이들을 황금 대사헌이라고 일컬었다 하였으나, 이것도 또한 알 수가 없다." … 김종서가 말하기를 "박포의 아내 사건은 규문 안의 은밀한 일이니, 진실로 쉽게 알 수 없다. 그 밖의 일은 마땅히 사람의 이목에 전파되었으므로 숨겨둘 수가 없는데 어찌 이와 같은데도 사람들이 알지 못하였을까?" … 최항, 정창손은 말하기를 "이것은 명백한 일이니 삭제하여도 무방하지만, 다만 한번 그 실마리를 열어 놓으면 … 폐단을 막기 어려우니 경솔히 고칠 수 없다."

— 단종 즉위년 7월 4일

결론은 황희의 일들이 부풀려지고 조작되었을 가능성이 높지만 한번 기록된 것을 고치면 후대에 악영향을 미치니 그대로 두자는 것이었다. 이렇게 황희에 대한 기록이 실록에 그대로 남아 있게 됐다. 이 기록은 황희에 대한 부정적 기록이 악의적으로 만들어졌을 가능성을 말해준다. 하지만 황희에게 우리가 익히 알고 있는 모습과 사뭇 다른 면들이 있었음을 부정할 수는 없다.

이런 황희의 얼룩에도 불구하고 그는 세종 시대 최고의 관료였다. 도대체 무엇이 이것을 가능하게 했을까? 다시 의사결정 과정으로 돌아가 보자. 의사결정 시 찬반을 부딪치게 해 정보를 증폭시키고 이것을 통합하는 방법은 매우 효과적이긴 하지만 단점도 있다. 시간이 오래 걸리고 혼란스럽다는 점이다. 이런 경우 누군가 나서서 생각을 통합하고 정리해주면 좋다. 여기에 황희의 존재 이유가 있었다. 《세종실록》의 여기저기 시도 때도 없이 나오는 말이 하나 있다. "임금이 그대로 따랐다(상종지上從之)"이다. 세종은 여러 신하들의 말을 받아들여 결정을 할 때가 많았다. 그중에서도 황희의 말을 따른 횟수가 압도적이다. 황희가 세종을 가장 오래 모신 신하이기도 하지만 그는 다른 사람들의 말을 듣고 누구의 말이 더 적합한지를 가려내고, 찬과 반의 의견을 통합하는 능력이 탁월했다. 세종 역시 황희의 조정력과 통합력에 감탄했고, 자연스럽게 황희의 말에 따르는 빈도가 높아졌다. 황희에 대한 평가는 그가 죽었을 때 문종이 내린 글에서 잘 나타난다.

큰일과 큰 의논을 결정할 적엔 의심나는 것을 고찰함이 실로 시귀와 같았으며, 좋은 꾀와 좋은 계획이 있을 적엔 임금에게 고함이 항상 약석보다 먼저 하였다. 임금을 과실이 없

는 처지에 있기를 기필하고, 백성을 다스리는 데는 요란하게
하지 않는 것으로 목적을 삼았었다. 법도는 분경하려고 하
지 않았으며, 논의는 충후에 따르기를 힘썼다.

— 문종 2년 2월 12일

문종은 황희를 자신이 본 최고의 인재로 꼽았다. 황희가 결정을
내릴 때 그 깊이 있는 생각은 시귀蓍龜, 즉 점칠 때 쓰는 톱풀과 거
북과 같았고(귀신과 같았고), 계책을 낼 때의 그는 임금에게 약석藥
石, 즉 약과 침처럼 행동했다. 임금이 과실을 저지르지 않도록 보필
했으며 백성을 다스릴 때는 묵묵히 자기 일을 하면서 요란 떨지 않
았고, 법제도를 고칠 때는 논리가 정연해 어수선하지(분경紛更하지 않
게) 않았다. 그리고 논의할 때는 충성스러운 마음(충후忠厚)으로 했
다는 것이 위 기록이다. 이후에도 매우 긴 글을 통해 문종은 황희를
극찬했다. 황희는 어떻게 이런 극찬을 받을 수 있었을까? 그 답은 그
가 의견을 내는 방식에서 찾을 수 있다. 그는 자신의 의견을 말할 때
다음의 세 가지 원칙을 철저히 지키면서 새로운 사고를 했다.

사실 중시하기

황희는 의견을 낼 때 사실 확인을 중시했다. 이를 볼 수 있는 기
록이 있다. 세종 11년 9월 17일에 황해도 순위량의 수군이 상소를

올렸다. 순위량은 황해도 강령에 설치된 해군기지를 말한다. 이곳이 중요한 이유는 서울과 경기 지역의 외곽 방어 거점이면서 남쪽에서 북쪽으로 올라오는 왜구들을 저지하는 방어선이었기 때문이다. 순위량의 전투선은 해주 추관이라는 곳에 정박시켰다가 이후 무지관이라는 곳으로 옮겨졌다. 문제는 무지관에는 모래와 돌이 많고, 바람이 세서 정박한 배들이 언덕 위로 밀려가, 이것을 띄우려면 반드시 만조가 돼야 한다는 점이었다. 또 풍랑이 심할 경우 암석에 부딪혀 배가 파손되기도 했다. 그래서 무지관에 정박한 전투선을 송명포나 추관으로 재배치했으면 좋겠다는 의견이 올라왔다. 세종은 의정부에서 이 문제에 대해 논의하라고 했고 결과가 올라왔다. 전투선을 추관으로 옮기면 바다 멀리까지 나가 정박시켜야 해서 유사시 황해도 방어가 어렵지만, 현재와 같이 무지관에 정박시키면 풍랑과 돌에 의한 파손 가능성이 높다는 것이었다. 즉, 두 곳 다 전투선을 정박시키기에는 부적절하다는 말이다. 의정부에서는 배를 정박시키기에 가장 좋은 곳이 송명포라고 했다. 지키기 쉽고 배가 항상 물 위에 떠 있어 움직이기도 쉽다는 게 이유였다.

이런 의견이 올라오자 황희 등은 황해도 감사에게 공문을 보내 송명포에 전투선을 정박하는 것이 좋을지 여부를 재조사하는 것이 좋겠다는 의견을 냈다. 황해도는 수도권 방어에 매우 중요하니 섣불리 결정하지 말고 상소가 올바른지 사실을 확인한 후 결정하자는 의미였다. 황해도 감사로부터 답신이 왔다. 송명포로 옮기는 것은 옳지 않다는 의견이었다. 무지관이 비록 단점은 있지만 방어에 매우 중요한 거점이므로 병선을 두지 않을 수 없다는 것과, 무지관의 기후 조건이 황해도의 다른 곳과 별반 차이가 없어 풍랑의 위험이 크지 않다는 것이었다. 황해도 감사는 무지관의 경우 배가 언덕으로 올라가는 일은 가끔 있지만 암석은 별로 없고 모래가 많아 병선이 파손될 염려는 없다고 했다. 송명포로 옮기면 배를 정박하기에는 편리하지만 요충지인 해주, 강령과 멀리 떨어지게 돼 이곳에 지원병을 보내기 어렵다고도 설명했다. 그래서 일부 불편함이 있지만 병선은 이전처럼 무지관에 두는 것이 좋겠다는 말이었다. 세종은 이 의견에 따랐다. 이런 조치가 취해진 이유는 황희 등이 사실 확인 후에 결정을 내리자고 했기 때문이다. 황희의 이런 역할에 세종은 매우 만족했다.

거시적 시각으로 보기

황희는 거시적 시각에서 보고 의견을 냈고, 세종은 이를 높이 샀다. 세종 15년 9월 16일, 장영실의 승진에 대한 논의가 있었다.

세종: 장영실은 그 아비가 본래 원나라의 소주, 항주 사람이고, 어미는 기생이었는데, 공교한 솜씨가 보통 사람에 뛰어

나므로 태종께서 보호하시었고, 나도 역시 이를 아낀다. …
(장)영실의 사람됨이 비단 공교한 솜씨만 있는 것이 아니라
성질이 똑똑하기가 보통에 뛰어나서, 매양 강무할 때에는 나
의 곁에 가까이 모시어서 내시를 대신하여 명령을 전하기도
하였다. 그러나 어찌 이것을 공이라고 하겠는가. 이제 자격
궁루를 만들었는데 비록 나의 가르침을 받아서 하였지마는,
만약 이 사람이 아니었더라면 암만해도 만들어내지 못했을
것이다. 내가 들으니 원나라 순제 때 저절로 치는 물시계가
있었다 하나, 만듦새의 정교함이 아마도 영실의 정밀함에는
미치지 못하였을 것이다. 만대에 이어 전할 기물을 능히 만
들었으니 그 공이 작지 아니하므로 호군의 관직을 더해주고
자 한다.

황희 등: 김인은 평양의 관노였사오나 날래고 용맹함이 보통
사람에 뛰어나므로 태종께서 호군을 특별히 제수하시었고,
그것만이 특례가 아니오라, 이 같은 무리들로 호군 이상의
관직을 받는 자가 매우 많사온데, 유독 영실에게만 어찌 불
가할 것이 있겠습니까.

이렇게 말하니, 임금이 그대로 따랐다.

—세종 15년 9월 16일

세종은 장영실이 비록 아버지가 원나라 사람이고 어머니는 기생이지만 솜씨가 보통 사람을 넘어 자신이 매우 아끼는 사람이라고 운을 뗐다. 그러면서 장영실이 물시계인 자격루를 만드는 등 그 공이 매우 높아 정4품에 해당하는 호군 벼슬을 내리고자 한다는 의향을 비쳤다. 정4품은 지금의 공무원 제도에 따르면 3급, 그러니까 부이사관급이다.[33] 국장 직위를 가질 수 있는 직급이다. 세종은 내심 반대가 클 것으로 예상했다. 그런데 황희가 이에 찬성했다. 전에도 관노인 김인이 큰 공을 세우자 태종이 호군직을 주었는데 이런 관례에 비추어 볼 때 전혀 문제가 없다는 것이었다. 이에 세종이 흡족하게 여기며 황희의 의견을 따랐다는 기록이다.

황희가 세종에게 아부하려고 세종 편에 선 것은 아니었다. 세종은 가뭄 극복을 자신의 최대 책무로 여겼고 이를 위해 필요한 모든 천문적, 과학적 노력을 들였다. 황희는 장영실이 이런 세종의 노력에 가장 부합되는 일을 했다고 보았기 때문에 그의 승진이 이상할 게 없다고 판단했다. 황희는 미시적인 문제 때문에(장영실의 경우는 낮은 신분) 거시적(국가적)인 목적이 침해되는 것은 옳지 않다고 생각했다. 그의 거시적 시각은 다른 곳에서도 발견할 수 있다.

세종: 하경복이 헌의하기를 "갑사의 시험에 그 전민의 많고 적음을 상고함은 나라에서 정한 법령이 있으나, 함길도 사람

은 노비가 본래 적으므로, 비록 무재가 있을지라도 노비 인구의 한도에 구애되어 재주를 시험하지 못함은 진실로 편하지 못하오니, 전민의 많고 적음을 계산하지 말고 모두 시험 보게 하여 충군하옵소서" 하였는데, 이 논의가 어떠한가.

황보인: 하경복의 논의에 따르는 것이 마땅합니다. …

이순몽 등: 양계 사람을 대접하기를 본디 타 도와 달리하였는데, … 그 폐단을 막기 어려울 것이니, 아직 예전대로 두는 것이 마땅하옵니다. …

권진, 황희 등: 전민의 많고 적음은 논하지 말고 취재하여 선비를 등용하는 길을 넓히소서.

임금이 황희 등의 논의에 좇아 곧 병조에 전교를 내리기를,

세종: 함길도의 갑사 취재 때에 타 도의 예에 좇아 노비 5, 6명과 5, 6결 이상인 자라야 시험 보기를 허락하였더니, 이로 인하여 비록 무재가 있는 자라도 이 정한에 구애되어 시험을 보지 못하게 되니, 지금부터는 본도에서 갑사를 취재할 때, 무예에 능한 자는 전민의 다소를 계산하지 말고 모두 취재하게 하라.

― 세종 15년 2월 26일

갑사란 조선시대의 직업 군인 제도로, 갑사 취재란 지금으로 말하자면 하사관 등을 뽑는 것이다. 선발 대상을 양민들로 해 이들이 군인 관료가 될 수 있는 길을 열어준 제도다. 무예가 뛰어나면 수령이나 만호 또는 군관 등으로 진출할 수 있었고, 무공을 세우면 고위 관리직인 종3품 이상의 당상관에도 올라갈 수 있었다. 갑사 중 국경 수비를 담당하는 사람을 양계갑사라고 하고 왕성을 수비하는 사람을 경갑사라고 한다. 갑사는 전투를 하는 기마병과 짐을 나르는 말인 복마卜馬 그리고 노비인 종자從者를 거느릴 수 있었다. 그런데 이 비용은 개인이 조달해야 했다. 그러다 보니 일정한 경제력을 가지지 않으면 갑사로 등용되기 어려웠는데, 대체로 노비 5~6명, 토지 5~6결 이상을 가진 사람이 입대할 수 있도록 법으로 제한했다.[34] 앞의 기록은 이들 갑사를 뽑을 때 노비(전민田民) 수가 적은 함경도가 너무 불리하니 이곳에서는 법의 적용을 완화해달라는 것이다. 이것에 대해 세종이 신하들의 의견을 물었다.

찬반이 갈렸다. 찬성론자들은 함경도의 경제적 특수성을 감안해 그렇게 하자고 했다. 반대론자들은 엄연히 법이 있는데 그것을 지켜야 옳고, 이미 함경도에 특혜를 주고 있어 또 다른 특혜를 주는 것은 곤란하다고 했다. 두 말이 모두 맞았다. 세종이 난감해하자 권근과 황희가 나서 찬성안을 지지했다. 함경도의 경제적 특수성을 감안해서 그런 것이 아니었다. 이 지역이 여진족과 대치하고 있는 국경 지역임을 감안한 것이었다. 함경도와 평안도는 여진과 대치하고 있어 탈이 많은 지역이었다. 1432년(세종 14년)에는 평안도 지역과 가까이에 있던 여진족 이만주 일당이 침입했고, 이 일로 이만주를 토벌하는 것에 대한 논의가 한참 진행되고 있었다. 평안도 지역의 여진족을 토벌하는 동안 함경도 지역 여진족에 대한 대처가 필요했다. 조선이 평안도 여진족을 정벌하는 틈을 타서 함경도 여진족이 침입할 가능성이 있었기 때문이다. 그렇게 되면 국가가 큰 위기에 빠질 수 있었다. 황희와 권근은 법을 어기는 것은 문제지만 국가의 안전이 법보다 우선이라고 생각했기 때문에 함경도 지역에서 갑사에 대한 법을 완화하고자 한 것이다. 세종은 황희 등의 의견을 좇아 함경도에 대해서만은 특별 조치를 하라고 명했다.

통합적 시각 가지기

황희의 가장 큰 역량은 통합적 시각으로 새로운 안을 제시할 줄 안다는 점이었다. 세종 11년 1월 12일의 기록을 보자.

> 세종: 도적이 밤에 다니니, 순라군이 구석진 곳과 좁은 골목까지도 두루 순찰하도록 하는 것이 어떠하겠는가.
> 황희: 순라군이 어찌 좁은 골목길까지 두루 돌아다닐 수 있겠습니까.

최윤덕: 신이 젊어서부터 순라에 대하여 잘 알고 있사온데 실로 두루 돌아다니기란 어렵습니다.

황희: 지난번에 화재 때문에 경수소를 설치하였더니, 밤에 사람들이 다니지도 않고 성안이 평온하였사오니, 다시 경수소를 세우는 것이 좋을 것 같습니다.

세종: 그렇겠다.

— 세종 11년 1월 12일

위 기록은 백성들이 밤에 어두운 골목길을 다니는 것을 세종이 걱정스러워했음을 보여준다. 골목길에서 도적을 만나 백성이 다치는 일이 많았기 때문이다. 이것을 방지하기 위해 지금의 경찰에 해당하는 순라군이 좁은 골목까지 순찰하도록 하는 것은 어떠냐고 세종이 물었다. 그러자 당시 좌의정이었던 황희와 병조판서였던 최윤덕이 반대했다. 지금 순라군의 수로는 그 모든 골목을 다니기에는 역부족이라는 것이었다. 하지만 황희는 백성의 밤길을 염려하는 세종의 생각을 헤아렸다. 그래서 그는 세종의 염려를 줄이면서도 순라군을 늘리지 않아도 되는 새로운 안을 제시했다. 오늘날의 파출소인 경수소警守所를 설치하는 것이다. 그는 경수소를 설치하는 것만으로도 범죄자들이 무서워하여 범죄가 줄 수 있다고 말했다. 황희는 여러 가지 상황을 통합하여 순라군을 늘리지 않으면서도 범죄를 줄일 수 있는 기가 막힌 안을 만들어냈고, 당연히 세종도 이에 동의했다.

6

생각 몰지 않기

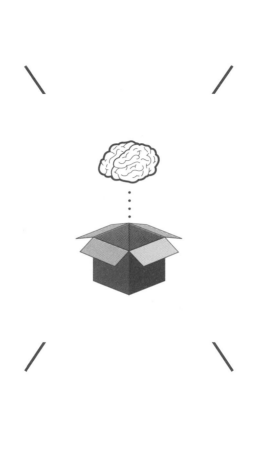

1. 선택적 점화

    생각 다양성 확보하기, 생각 섞어 전체 보기, 그리고 생각 증폭하고 통합하기는 리더가 생각 위에서 생각할 수 있도록 만들어주는 핵심 프로세스다. 하지만 이것만으로는 부족하다. 리더의 마음속에는 이들을 무력화할 수 있는 억제 장치가 숨어 있을 수 있다. 자신의 생각 박스가 열리는 것을 방어하는 장치다. 그중 하나가 자신과 조직원들의 생각을 몰아가는 것이다.

    리더가 자신과 조직원들의 생각을 한곳으로 몰아가는 것을 선택적 점화라고 한다. 점화라는 말에 주목해보자. 다른 사람들의 말을 듣고 있는데 새로운 생각이 쏜살같이 지나갈 때가 종종 있다. 생각의 점화가 일어나는 순간이다. 리더들은 본인의 생각을 자기도 모르게 또는 일부러 흘리는 경우가 있다. 이때 조직원들은 리더의 마음을 읽고 여기에 행동을 일치시키게 되는데 이것도 선택적 점화의 일종이다. 내 생각은 이러하니 알아서 생각하라는 메시지를 조직원들이 눈치채는 것이다. 예를 들어보자. 만약 리더가 "오늘은 내가 한턱 쏜다"고 했다고 하자. 리더는 직원들과 기분 좋게 중국집에 갔다. 앉아서 메뉴판을 딱 열면서 리더가 한마디 한다. "오늘 나는 짜장면이 당기는데? 나 짜장면." 이렇게 말하면 밑에 있는 사람들은 짜장면 이상을 먹을 수 없다. 윗사람이 짜장면 먹겠다고 못을 박았는데 아랫사람들이 짜장면이나 짬뽕 이상을 먹을 수 있겠는가? 이것이 선택적 점화다. 생각을 어느 한 방향으로 몰아가는 것이다.

파나소닉Panasonic의 리더가 이런 실수로 기업을 붕괴시켰다. 이 회사 회장은 나카무라 구니오中村邦夫라는 사람이다. 그는 '리틀 경영의 신'으로 불렸는데, 그만큼 일본에서는 영웅으로 대접받는 사람이었다. 이 사람이 파나소닉을 어렵게 만들었다. 왜 그랬을까? 그의 잘못된 선택적 점화 때문이었다. 파나소닉은 TV용 디스플레이의 강자였다. 특히 PDPPlasma Display Panel, 플라스마 디스플레이 패널 시장에서 독보적인 존재였다. PDP 이전에는 브라운관 TV가 대세였는데, 두께를 줄이고 크기를 키울 수 없다는 한계가 있었다. 이러한 문제를 해결한 새로운 TV 기술이 PDP였다. PDP가 등장하자 TV가 얇아졌고 대형 TV도 만들 수 있게 됐다. 이 기술에 있어 파나소닉은 최강자였다. 그런데 PDP 기술에 도전장을 내민 기술이 등장했다. LCDLiquid

Crystal Display, 액정 디스플레이 패널였다. 이 기술 역시 TV를 얇게 그리고 더 크게 만들 수 있는 장점을 가지고 있지만 PDP와는 기술 특성이 다르다. PDP는 플라스마라는 제4의 물질을 이용해 색을 구현하는 방식으로 화면 자체가 발광체. 이에 비해 LCD는 수많은 미세한 창문을 반복해서 여닫아 화면을 구현하는 장치로, 스스로 빛을 낼 수 없어 뒤에서 빛을 비춰주는 장치가 필요하다. 전에는 소형 형광등이 이 역할을 했고, 지금은 LED Light Emitting Diode, 발광다이오드가 하고 있다. 간단히 말해 뒤에서 빛을 비추면 LCD라는 창문을 프로그램으로 여닫아 색깔을 조절하는 것이다. 예를 들어 모든 창문을 다 닫으면 검은색을 만들 수 있다. PDP는 화면 자체가 발광하며 색을 만들기 때문에 색이 분명하고 화면 번짐 현상 등이 LCD에 비해 덜하지만, 전기를 많이 쓴다는 약점이 있었다. 이런 약점에도 불구하고 PDP는 TV 시장을 선도하고 있었다. 그런데 2005년쯤 되자 판도가 바뀌기 시작했다. 한국의 삼성전자와 LG전자가 파나소닉과 달리 LCD에 집중하기 시작했다. 미국 시장이 LCD로 기울고 있다는 판단에서였다. PDP의 선두주자인 파나소닉은 고민에 빠졌다. 나카무라 회장도 고민하기 시작했다. PDP와 LCD 어느 쪽이든 라인을 새로 증설할 때 드는 돈이 조 단위가 넘었다. 그러니 기존의 PDP 대신 LCD 생산라인을 까는 것은 쉬운 문제가 아니었다. 게다가 LCD로 전환했다가 시장이 커지지 못하면 큰 타격이 올 수도 있었다. 고민하던 나카무라 회장이 관련 엔지니어들에게 PDP와 LCD 중 어디에 투자할지 연구해보라고 지시했다. 그런데 여기서 그가 실수를 했다. 하지 말았어야 할 말을 흘린 것이다. "내가 볼 때는 PDP가 좀 나아 보이기는 합니다. 그런데 내 생각에 구애받지 말고 연구해보세요." 파나소닉은 이미 PDP에 많은 투자를 해놓은 상태라 그쪽을 선택하는 것이 기술 완성도와 원가 경쟁력 면에서 우세할 것이라는 나카무라 회장의 의중이 새어 나온 것이었다. 나카무라 회장의 한마디는 결정적이었다. 엔지니어들의 보고서가 나왔다. 회장의 말대로 PDP가 유망하다는 것이었다. 엔지니어들이 회장의 의중이 PDP에 있음을 알았기 때문에 나온 결과였다. 이것을 믿고 파나소닉은 2007년, PDP에 모든 돈을 투자하고 비운을 맞이했다. 시장이 LCD 천하가 되면서 PDP 판매가 급감했기 때문이다. 충분히 예상 가능한 시나리오였음에도 파나소닉의 엔지니어들은 회장의 뜻에 충실히 따르는 길을 택했다.

2. 세종의 생각 몰지 않기

세종은 자신뿐만 아니라 신하들의 생각을 한 방향으로 몰지 않았다. 리더는 자기도 모르게 자신의 의중을 드러내는 경우가 있다. 조직원들이 이것을 읽게 되면 리더의 생각에 맞추어 생각하고 행동한다. 세종은 이것의 위험을 알았다. 자신의 속내를 비추면 신하들의 생각이 좁아진다는 것을 알고 이를 피했다. 세종이 자신과 신하들의 생각을 몰지 않기 위해 택한 방법은 간단하다. 토론 시 자신의 발언을 최대한 줄이고 처음과 끝에만 관여하는 것이다. 특별히 질문을 해야 하는 경우가 아니면 이 원칙을 지켰다. 처음에 말을 하는 이유는 토론의 방향을 제시하기 위해서였고, 끝에 말을 하는 이유는 다른 사람들의 말을 다 듣고 통합하기 위해서였다. 이 사이에는 신료들이 하고 싶은 말을 모두 쏟아내게 했다.

세종: 장리의 자손을 어떤 이는 등용하여야 한다고 하고, 어떤 이는 등용하여서는 안 된다고 하니, 마땅히 일정한 법을 세워야 하겠는데, 만약 등용한다고 하면 어떤 벼슬을 주어야 하겠는가.

안숭선: 장리의 자손을 상례대로 다 서용한다면 탐오한 자들이 꺼리는 것이 없을 것이니, 비록 등용하지 않는다고 하더라도 좋을 것입니다.

김종서: 마땅히 등용하여야 합니다.

황희, 맹사성: 비록 장리의 자손일지라도 진실로 현능하다면 써야 할 것이니, 어찌 정부, 육조, 대간의 벼슬은 제한하고 반드시 군관직에만 써야 하겠습니까. 또 한계를 정하여 놓고 쓴다는 것은 사람 쓰는 도리에 어찌 도량이 좁다고 하지 않겠습니까.

권진: 장리는 옛사람도 용사하지 않았습니다. 그러나 조부나 아버지의 탐오한 죄로 그의 자손을 금고함은 불가합니다. 대간이나 의정부, 육조 같은 곳은 인물을 논의하는 곳이니, 흠 있는 사람으로 이 직임에 있게 하심은 옳지 않사오니, 장리의 자손은 정부, 육조, 대간에는 등용하지 말고 군관직에만 쓰게 할 것이며, 이렇게 법을 세우는 것이 좋겠습니다.

세종: 쓰는 것이 옳겠다.

위 기록은 장리臟吏의 자손을 등용할 것인가 말 것인가에 대한 회의 내용이다. 장리란 뇌물이나 횡령으로 재물을 얻은 죄지은 관리를 말한다. 세종이 먼저 입을 열었다. 이들의 자손을 등용하는 것이 옳은지, 만일 등용한다면 어느 직위까지 주는 것이 좋을지를 물었다. 세종의 말은 여기까지였다. 그 후에는 신하들의 이야기를 들었다. 그는 이 문제가 간단하지 않다는 것을 알았다. 당시 세종의 비서실장인 승정원 지신사 안숭선은 절대 안 된다고 반대했고, 김종서는 등용해야 한다는 의견을 냈다. 두 사람의 생각이 모두 옳다고 생각한 세종은 또 다른 사람들의 의견이 필요했다. 그래서 의정부 3대신도 의견을 말하라고 지시했고 황희, 맹사성, 권진이 아뢰었다. 의정부 대신들은 같은 듯 다른 의견을 제시했다. 황희와 맹사성은 등용하되 직책에 제한을 두어서는 안 된다고 했고, 권진은 등용은 하되 대간(감찰 기관), 의정부나 육조(오늘날 중앙부처)와 같은 부서에는 보임하지 말고 군관직에만 보임하자고 타협안을 냈다. 모두의 이야기를 들은 후 마지막으로 세종이 입을 열었다. 그는 부패한 관리의 자식이라도 능력이 있다면 벼슬길을 열어주자는 결론을 냈다. 그런데 이후에도 논의가 계속되었다. 최종 결론은 4년 후인 세종 18년에 났다. 부패한 관리의 자손들은 무관직 벼슬에만 오를 수 있도록 조치했다. 세종이 조건부 찬성안에 최종적으로 동의한 것이다.

간혹 세종이 자기 생각을 먼저 말하는 경우가 있었다. 위의 경우가 그렇다. 그는 "장리의 자손을 등용한다고 하면" 하고 운을 뗐다. 이런 경우 왕의 의중이 드러나 선택적 점화를 하게 될 가능성이 높다. 하지만 이 경우를 대비해 세종은 신하들에게 자신의 의견은 하나의 안일 뿐 여기에 구애받지 말고 간언하라는 요구를 누누이 했다. 신하들이 자신의 말에 휘둘릴 때는 오히려 화를 내기도 했다. 그래도 안심이 안 되어 그는 앞서 3장에서 설명했던 열린 질문을 사용했다. 이런 과정을 통해 세종의 아이디어는 신하들의 안으로 대체되는 경우가 종종 있었다.

3. 리더의 분노와 선택적 점화

리더가 자기도 모르게 선택적 점화를 강하게 할 때가 있다. 분노할 때다. 이것은 조직원들에게는 선택적 점화를 강요하는 사건이다. 자신의 의견에 동조하지 않으면 불이익이 있을지도 모른다는 엄포다. 이런 행동은 조직에 매우 위험할 뿐만 아니라 조직을 망가뜨리는 지름길이다. 당연히 자신과 주위 사람, 더 나아가 조직 구성원 전체를 박스 사고에 빠지게 만든다. 세종은 이것의 위험도 알았다. 그는 조선의 왕들 중 분노 조절을 가장 잘한 사람이다. 이에 대한 설명은 차츰 하기로 하고 우선 인간의 뇌 구조에 대해서 알아보자. 분노를 이해하기 위해서다. 인간의 머리는 파충류의 뇌, 포유류의 뇌 그리고 인간의 뇌로 구성되어 있다고 한다.[35] 인간이 진화하는 과정에서 생겨난 산물이다. 파충류는 생명 유지에 필요한 후뇌

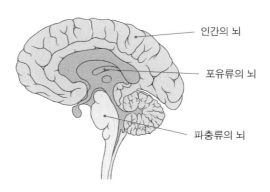

인간의 뇌

포유류의 뇌

파충류의 뇌

(소뇌)만 가지고 있다. 이 뇌는 생존을 위해 필요한 본능적인 행동을 관장한다. 배고프면 먹고 배부르면 옆에 먹잇감이 있어도 먹지 않는다. 포유류가 되면 후뇌를 포함해 변연계가 있는 중뇌가 발달하게 된다. 변연계는 감정을 관장하는 뇌다. 개를 건드리면 으르렁거리는 이유가 이 뇌의 존재 때문이다. 이에 비해 파충류인 악어는 옆에서 누가 약을 올려도 화를 내지 못한다. 이들에게는 감정을 조절하는 변연계가 없기 때문이다. 사람은 소뇌, 중뇌와 더불어 대뇌(신피질)를 가지고 있다. 대뇌의 역할은 생각하는 것이다. 물론 포유류도 대뇌가 있긴 하지만 사람에 비할 바가 못 된다. 그래서 대뇌를 인간의 뇌라고 부른다(〈그림 6-1〉).

　사람의 뇌인 대뇌 중에서도 매우 중요한 역할을 하는 부위가 있다. 이마에 위치한 전두엽이다. 정보를 조합하고 다른 뇌 부위를 통제하는 기능을 한다. 전두엽의 기능 가운데 하나가 변연계를 통제하는 것이다. 분노를 참는 것은 전두엽이 변연계를 통제하고 있기 때문에 가능하다. 의학적으로 분노란 한 개인이 감정적 위협에 노출되어 일시적으로 전두엽이 마비돼 변연계를 통제하지 못하는 현상으로 여겨진다.

분노는 왜 위험한 것일까? 세상을 보는 시야를 좁게 만드는 박스 사고를 불러오기 때문이다. 분노에 빠진 당사자만 이런 사고에 빠지는 것이 아니다. 주위 모든 사람들도 박스 사고에 빠지게 한다. 〈그림 6-2〉를 보자. 분노는 주위의 적대적 상황에서 시작된다. 부하 직원이 리더의 자존심을 건드리는 말을 하는 경우를 예로 들 수 있다. 이때 두 가지 반응이 나타난다. 하나는 자신에게 펼쳐진 적대적 경험에 집중하면서 불쾌감을 느끼는 것이다. 그림에서 상황 1의 경로로, 이때는 분노가 폭발하게 된다. 분노가 증폭되면 어떤 일이 벌어질까? 일단 세상을 보는 시야가 매우 좁아지는 박스 사고가 나타난다. 자신이 경험한 적대적 상황을 상대에게 갚아주려는 생각으로 가득 차는 것이다. 이렇게 되면 해서는 안 되는 극단적 결정을 하기도 한다. 폭행이나 해고와 같은 것이 그 예다. 이것이 분노로 인해 리더 자신이 경험하는 부정적 영향이다. 분노는 조직원들에게도 악영향을 미친다. '선택적 점화'와 '학습된 무기력'이 그것이다. 리더가 화를 내면 조직원들은 이런 식으로 나를 화나게 하지 말라는

〈그림 6-2〉 **분노 과정과 의사결정**[37]

경고로 받아들이거나, 내가 원하는 것은 이것이 아니라는 메시지로 받아들인다. 이 과정을 통해 리더의 말에 복종해야 한다는 선택적 점화가 작동하면, 조직원들은 속마음이 어떻든 토를 달지 않는다. 조직원들의 학습된 무기력 또는 무능 현상이 나타나기도 한다. 자기 생각과 다른 말에 대해 리더가 화를 내면 조직원들은 자기 생존을 위해 입을 다물어버린다. 스스로 무능해지는 것이다. 이렇게 되면 리더는 물론이고 집단 전체의 의사결정이 오류를 향해 치닫게 된다.

분노 상황에서 리더는 어떤 선택을 해야 하는가? 〈그림 6-2〉에서 상황 2의 경로를 따라가야 한다. 적대적 상황이 인식되었다고 해도 이를 통제하려는 노력을 해야 한다. 이것을 분노 조절이라고 한다. 분노 조절을 위한 통제 노력이 증가하면 분노의 양이 줄어든다. 그렇게 분노의 양이 줄어들면 시야가 좁아지지 않는다. 상대가 무슨 말을 하려고 하는지를 되새겨보면 시야는 오히려 확대된다. 또한 조직원들은 불필요한 선택적 점화와 학습된 무기력이 아닌 자유로운 사고와 새로운 학습을 할 수 있게 된다. 이렇게 되면 리더는 물론이고 주위 사람과 부하 직원들의 의사결정 오류 가능성까지 현저히 줄어든다.

여기서 한 가지 분명히 해야 할 점이 있다. 분노 조절과 분노 억압은 다르다는 것이다. 분노 조절은 전략적 이유로 분노를 통제하는 것을 말하고, 분노 억압은 분노를 억지로 누르는 것을 말한다. 분노 조절은 전략적 판단에 따라 분노 감정을 표출하지 못하도록 전두엽이 변연계에 사전 조치를 하는 것을 말하고, 분노 억압은 변연계에서 이미 화가 치밀어 올라 분출되는 과정에서 전두엽이 이를 사후적으로 억누르는 것을 말한다. 분노 조절을 하면 얼굴과 말 모두가 평온하지만, 분노 억압을 하는 경우엔 말은 통제되고 있지만 얼굴은 화를 내고 있는 상황이 되곤 한다. 분노를 조절하면 상황 1의 경로에서 나타나는 부작용(리더와 조직원들에게 미치는 영향)이 최소화될 수 있다.

4. 리더의 분노가 조직에 미치는 영향

분노 조절에 능한 리더와 그렇지 못한 리더가 있는 조직은 어떤 차이를 보일까? <그림 6-3>이 이것을 보여준다. 리더가 분노를 조절한다는 것은 대뇌신피질(인간의 뇌)의 일부인 전두엽이 잘 작동되고 있음을 의미한다. 리더의 뇌가 이런 방식으로 작동하면 전두엽의 건강한 사고를 바탕으로 조직은 강력한 비전을 가지게 되며, 구성원들은 유연하고 자유롭게 생각하게 되어 조직 창조성 역시 최고조에 이르게 된다. 반면 전두엽이 변연계를 올바르게 통제하지 못하는 리더는 정서적 불안감이 높아지고 화를 내는 빈도가 높아지면서 리더십이 붕괴한다. 구성원들은 경직된 행동에서 벗어날 수 없으며, 생각이 굳어지는 조직 사고의 석회화 현상이 일어난다. 당연히 집단적 박스 사고 속에 갇히게 되고 창조성도 낮아진다. 그 결

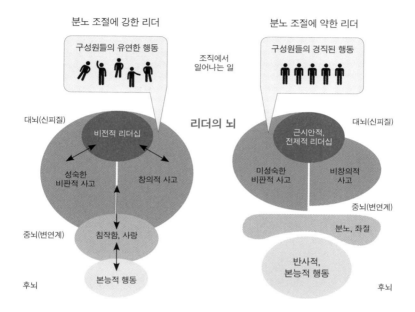

〈그림 6-3〉 **리더의 분노가 조직에 미치는 영향**[38]

과는 리더와 조직 전체의 불행으로 이어진다.

　이런 리더의 전형으로 궁예를 들 수 있다. 신라를 붕괴시키며 새로운 후 삼국시대를 연 장본인이다. 그는 훗날 왕권이 세운 고려의 기초를 다진 사람이기도 하다. 신라 진성여왕 시절, 지배자들의 사치와 탐욕으로 국가 기강이 무너지기 시작했다. 나라가 가뭄으로 몸살을 앓고 있는 가운데 탐욕으로 텅 빈 국가 재정을 메우기 위해 가혹한 세금을 징수하자 백성들의 삶은 극도로 피폐해졌다. 도처에서 도적 떼가 들끓었고 국가 반란군이 등장하기 시작했다. 이런 혼란기에 궁예는 북원에 거처를 둔 도적 우두머리 양길의 수하로 들어가면서 반란 세력의 길을 걷게 된다. 궁예는 신라 헌안왕 또는 경문왕의 서자 출신으로 알려져 있으며, 범상치 않은 인물이라는 점쟁이의 말 때문에 죽임을 당할 위기에서 유모가 구해내 승려가 된 인물이다.

백성들이 본 궁예는 비전 있는 리더였다. 비록 도적 무리와 함께했지만 그의 행동은 달랐다. 자신을 따르는 무리와 백성들에게 부처의 자비를 보여주었다. 사람들은 궁예를 세상을 구하는 미래불인 미륵불이 환생한 것으로 여겼고, 그로부터 새로운 세상에 대한 비전을 찾았다. 이런 지지를 바탕으로 궁예는 강원도 일대를 모두 장악하는 지역 맹주로 성장했다. 호족 세력들도 궁예를 돕기 시작했다. 당시 송악, 지금의 개성 호족들이 궁예에게 복속했다. 이 무렵, 훗날 고려를 건국하는 왕건도 궁예의 휘하로 들어왔다. 궁예는 그를 철원태수로 임명했다. 왕건은 궁예의 기대에 부응하며 북원의 양길을 제거했다. 이를 기점으로 901년, 궁예는 송악 호족들의 건의를 받아들여 송악에 도읍을 둔 고려를 세우고 왕위에 오르게 된다. 904년에는 국호를 마진으로 변경했다. 마진은 마하진단摩訶震旦의 약자로, 마하는 인도 산스크리트어로 '크다'라는 의미를 가지고 있고, 진단은 중국을 의미하는 단어다. 동방에 존재하는 거대국이라는 말이다.

905년에는 도읍을 철원으로 옮겼다. 이 시기부터 서서히 궁예에게 이상 징후가 나타나기 시작했다. 어렸을 적 자신에게 고난을 준 신라에 대한 원한이 드러나기 시작한 것이다. 그는 신라를 없애야 할 도시라는 의미인 멸도滅都라 부르면서 신라에서 귀순하는 모든 사람들을 죽이기 시작했다. 911년에는 국호를 태봉으로 바꾸었다. 태봉은 지금의 강원도, 경기도, 황해도와 평안남도 및 충청북도의 일부를 지배하며 신라와 후백제를 포함하여 후삼국을 이룬 국가 중 가장 강력한 세력으로 성장했다. 태봉은 신라의 북쪽을 빼앗았고, 왕건의 활약으로 후백제를 침공해 금성, 즉 현재의 나주를 점령하면서 최고의 전성기를 누리게 되었다.

하지만 궁예는 급격히 변했다. 《삼국사기》에 의하면 궁예는 태봉국을 선포한 후 스스로를 미래의 부처가 아닌 현세의 미륵으로 불렀다고 한다. 행차를 할 때는 머리에 금관을 썼고 금은으로 장식한 화려한 말안장을 얹었으며, 행차의 앞뒤에는 향로를 받쳐 든 어린아이 수십 명을 두었다. 스스로 불교 경전을 짓기도 했다. 당시 석총이라는 승려가 이 불경을 보고 요사스러운 말이라고 혹평했는데, 이를 안 궁예가 그를 철퇴로 쳐 죽였다. 궁예는 자신의 왕권 강화를 위해 호족 세력들을 견제하면서 자신에게 반하는 사람은 신분 고하를 막론하고 처단하는 분노의 왕으로 변모했다. 이 시기에 궁예가 사람의 마음을 꿰뚫어 볼 수 있다는 관심법을 핑계로 신하들을 죽였다는 기록이 남아 있다. 궁예는 차츰 백성과 신료들로부터 멀어지고 있었다. 그러면서 자신에게 충성을 다하고 있던 왕건에 대한 불신도 높아지기 시작했다. 그는 결국 지금의 국무총리에 해당하는 문하시중이었던 왕건을 해임한 후 장군으로 격하시켜 나주로 내쳤다. 이런 일들을 지켜보던 왕후 강 씨가 간언을 하자 자신의 두 아들과 함께 죽이는 공포 정치를 행했다. 신하들의 행동이 경직되고 위축되었으며, 위기감도 동시에 높아졌다. 918년 궁예에게 불안감을 느낀 신숭겸 등이 호족 세력들과 결탁해 궁예를 제거하는 쿠데타에 성공했다. 왕건이 왕으로 추대되어 국호는 다시 고려로 환원되었다.

5. 세종의 분노 조절

세종 시대의 특징을 한마디로 요약하면 왕이 반대를 이고 살았던 때였다. 왕 스스로 이를 요구했기 때문이기도 하다. 반대의 정도가 심한 신하들도 있었다. 하지만 세종은 화를 극도로 절제했다. <표 6-1>은 조선의 왕 네 명이 화를 낸 횟수를 보여준다. 괄호 안의 횟수는 대노, 즉 화가 아주 많이 난 상태의 횟수를 의미한다. 맨 아래는 이들이 재위 기간 동안 화를 낸 월 평균 횟수다. 태종은 화를 많이 낸 왕이었다. 2개월에 한 번씩은 화를 냈다. 실록은 대체로 왕의 공식 석상에서의 행동을 기록한 것임을 고려하면 그 횟수가 많은 편이다. 화를 가장 적게 낸 사람은 성종과 세종이다. 세종은 공식 석상에서 1년 6개월에 한 번꼴로 화를 냈다.

왕이 화가 나면 국가가 들썩인다. 이로 인해 다치는 사람들이 등

<표 6-1> 왕들이 화를 낸 횟수[39)]

구분	태종	세종	성종	영조
화를 낸 횟수	97회(3회)	21회(3회)	11회(0회)	151회(16회)
재위 기간(월)	211개월	379개월	301개월	618개월
월 평균 화를낸 횟수	0.46회	0.06회	0.04회	0.24회

장한다. 세종 시대에도 세종의 화로 인해 다친 사람들이 있었다. 하지만 다른 왕들에 비하면 그 정도는 매우 경미하다. 훈민정음 창제가 알려지자 신하들이 왕을 공격하기 시작했다. 그중 선두주자가 최만리라는 사실은 너무나 유명하다. 세종 26년 2월 20일자 실록에 최만리 등의 반대에 대한 상세한 기록이 있다. 여기에는 최만리 등이 세종을 모욕적으로 공격하는 장면이 나온다. 몇 가지만 소개해보겠다.

- 언문을 만드는 것은 중국을 버리고 스스로 오랑캐가 되는 짓이다. 자기의 글자를 가진 나라는 몽골, 티베트, 여진, 일본 등이 있지만 이들은 모두 오랑캐 국가다.
- 언문은 새롭고 기이한 한 가지 기예에 지나지 않은 것으로 학문에 방해가 된다.
- 왕은 언문이 사용되면 잘못된 옥사로 고통받는 사람들이 줄어

든다고 주장했지만 말도 안 되는 소리다.

  위 내용들을 살펴보면 심히 모욕적이다. 훈민정음을 만드는 일은 오랑캐 국가나 하는 일이라고 말함으로써 이것을 주도한 세종은 오랑캐의 우두머리라는 뜻을 담고 있다. 언문은 한자처럼 글자에 심오한 뜻이 없는 이상한 도형에 불과한 것으로, 이를 익히는 것은 천한 기예 한 가지를 익히는 것과 다르지 않다고도 공격했다. 한 마디로 헛짓했다는 말이다. 세상 사람들이 글을 쉽게 알 수 있으면 억울한 옥사로 고통받는 사람이 줄어들 것이라고 세종이 말하자, 신하들은 이를 말도 안 되는 이야기라고 일축했다. 6년 동안 갖은 고생을 해가며 훈민정음 창제에 나선 세종에게 이런 말들은 치욕이었다. 세종은 신하들의 반박에 하나하나 차분하게 대응했지만 사람인 이상 화가 나지 않을 수 없었다. "너희들이 신하로서 내 뜻을 밝게 알면서도 이러한 말을 하는 것은 옳지 않다", "어찌 선비의 이치를 아는 말이겠느냐. 아무짝에도 쓸데없는 용속한 선비다"라는 말에서 불편한 심기를 읽을 수 있다. "너희들이 나와 평생 같이 일하면서 나라는 사람을 그렇게 모를 수 있느냐?", "내가 오랑캐냐? 그렇게 생각하는 너희들에게 문제가 있는 것은 아니냐?"라는 의미다. 다음의 말도 같은 맥락에서 이해할 수 있다.

"내가 너희들을 부른 것은 처음부터 죄주려 한 것이 아니고,
다만 소안에 한두 가지 말을 물으려 하였던 것인데, 너희들
이 사리를 돌아보지 않고 말을 변하여 대답하니, 너희들의
죄는 벗기 어렵다."

— 세종 26년 2월 20일

세종 역시 분노했지만 그의 분노는 매우 절제되어 있었다. 위 기록을 보면 세종은 자신을 공격한 신하들에게 벌을 주겠다고 말했다. 하지만 세종의 벌주는 방식이 재미있다. 왕에게 모욕적으로 대든 최만리 등을 의금부에 가두라고 했지만 기간은 하루였다. 이것이 무엇을 의미할까? 세종은 왕의 행동에 대해 신하가 자신의 의견을 말하는 것은 당연히 해야 할 일이지만, 이치에 맞지 않게 왕을 모욕하는 것은 옳지 않다고 생각했다. 그렇다고 그렇게 한 이들을 죽도록 미워하지는 않았다. 그들에게 하루 정도의 반성은 필요하다는 메시지를 보낸 것이다. 다만, 두 사람에게는 벌을 주었다. 정창손과 김문이었다. 이들에게 화를 낸 이유가 있었다. 세종은 누구나 쉽게 이해할 수 있는 《삼강행실도三綱行實圖》 같은 도덕책을 만들어 충신, 효자, 열녀가 많이 나오게 하겠다는 것을 훈민정음 창제 이유 중 하나로 들었다. 이에 정찬손은 누가 봐도 웃기는 소리라고 대들어 세종을 모욕했다. 김문은 처음에는 훈민정음 창제에 찬성한다고

했다가, 반대하는 사람이 늘어나자 이들에게 동조해 한 입으로 두 말을 한 것이 죄가 되었다. 하지만 훈민정음과 관련해 세종이 낸 화는 매우 경미한 수준이었다.

세종이 공식 회의 석상에서 정말 화가 났던 적이 있다. 우리말에 '고약해', '고약한 사람이야'라는 말이 있다. 어떤 사람에게 화가 나 있음을 점잖게 표현하는 말이다. 이 말이 세종 시대의 한 신하에게서 비롯된 말이라는 설이 있다. 바로 고약해라는 사람이다. 고약해는 태종 13년 관직 생활을 시작했으며, 세종과의 인연이 각별한 사람이다. 세종이 그를 아버지 태종에게 추천해 6품에서 4품으로 벼슬을 올려주었다. 그런데 이 사람 정말 고약하다. 세종과 회의하면서 두 눈을 부릅뜨고 덤비는 것은 예사였다. 때로는 왕의 허락도 받지 않고 자리를 박차고 나가버리기도 했다. 그러다 보니 세종은 무례한 행동을 하는 신하들을 "저 고약해 같은 사람"이라고 표현했다고 한다. 이런 행동에 무던히도 참고 있던 세종에게 고약해가 결정적인 실수를 했다. 앞서 언급했던 세종 22년 3월 18일의 일이다. 당시 그들은 수령육기제에 관해 이야기하고 있었다. 고을 수령들의 임기를 6기, 즉 60개월로 하자는 세종의 제안에 대한 토론이었다. 고약해는 기존의 3기, 즉 30개월로 하자고 맞섰다. 세종은 고을 수령들의 임기가 너무 짧아 전문성이 떨어진다고 생각했다. 고약해는 60개월로 하면 부패가 더 심해진다며 반대했다. 이 과정에서 일이

터졌다. 고약해가 두 번 중얼거렸다. 귀 밝은 세종이 이 말을 듣고 큰 소리로 말하라고 하자 고약해가 답했다.

> "소인이 오랫동안 천안을 뵙지 못하였으므로, 일을 아뢰고자 하였사오나, 하지 못하였나이다" 하매, 임금이 말하기를 "해 될 것이 없으니 우선 말하라" 하였다. 약해가 아뢰기를 "소인 이 충성이 부족하여 천의를 돌리지 못하옵니다." … 하니, 임 금이 노하여 말하기를, … "경이 내 말을 자세히 듣지 아니하 고 감히 말하는가. 경은 끝까지 들으라." … 하니, 약해가 대 답하기를, … "도리어 신더러 그르다 하시오니, 신은 실로 실 망하였나이다" 하여, 그 말이 많이 불공하므로, 임금이 말하 기를 "내가 이미 다 알았다" 하고, 인하여 다시 앉으라고 명 하였다.

> — 세종 22년 3월 18일

고약해는 이날 왕에게는 써서는 안 되는 말을 하는 불경죄를 저 질렀다. 소인이라는 말이다. 군신 관계에서는 소신이라는 단어를 써 야 한다. 소인에는 '당신은 단순히 나의 상전'이라는 의미가 있다. 고 약해가 소신이 아닌 소인이라는 단어를 썼다는 것은 '당신은 나의 상전이지 임금은 아니야'라고 말한 것과 다를 바 없다. 세종의 귀에

이 대목이 거슬렸다. 처음에 고약해는 소인이라는 말을 작은 소리로 두 번 중얼거렸다. 세종이 이를 듣고 큰 소리로 말하라고 하자 노골적으로 두 번에 걸쳐 소인이라는 단어를 사용한 것이다.

"소인이 오랫동안 임금의 얼굴(천안天顏)을 뵙지 못하였으므로…"

"소인이 충성이 부족하여 임금의 뜻(천의天意)을 돌리지 못하옵니다."

중얼거렸던 두 번까지 합치면 총 네 번에 걸쳐 소인이라는 단어를 사용했다. 이것은 임금에 대한 직접적인 도전이었고 경멸적인 말이었다. 뿐만 아니었다. 고약해는 세종의 한 마디, 한 마디에 대들었고 왕의 말이 끝나기도 전에 치고 들어왔다. 그러자 "경이 내 말을 자세히 듣지 아니하고 감히 말하는가?"라고 세종이 경고했다. 그 말에 고약해의 행동이 더욱 거칠어졌다. 그는 "나도 왕에게 매우 실망입니다"라고 대들었고 왕의 허락도 받지 않고 일어서서 나가려고 했다. 그러자 "네 말을 알았으니 다시 앉으라"고 세종이 타일렀다. 세종과 날 선 공방을 벌인 고약해는 현재의 법무부 차관 정도에 해당하는 형조참판이었다. 그렇지 않아도 고약해가 자신의 이익을 위해 수령육기제에 반대하고 있다고 생각하던 세종에게 그의 무례는 화를 돋우기에 충분했다. 모든 신하들이 나가자 세종은 비서실장인 도승지 김돈과 고약해를 처리하는 문제를 의논했다. 세종의 뜻을 알아차린 도승지가 다른 것은 용서하시고 불경스럽게 말한 언사에 대해서는 벌을 주자고 건의했다. 결국 고약해는 파면되었다(세종 22년 3월 19일).

그런데 그 이후 세종의 행동을 이해하기 어렵다. 약 1년이 지난 후 고약해는 경창부윤이라는 관직으로 복귀했고 다시 1년 후에는 개성부유수로 임명되었다. 경창부는 왕비와 대비들이 머무는 중궁 내에 설치된 관청을 말한다. 이곳의 수장이 윤이다. 개성부유수는 개성시장에 해당하는 자리로 장관급이다. 세종이 고약해를 복직시킨 이유는 두 가지다. 하나는 신하들이 고약해를 복직시켜줄 것을 간언했기 때문이다. 임금에게 자기의 목을 걸고 말하는 사람을 제거하면 앞으로는 말할 사람이 없어진다는 것이었다. 다른 하나는 자신의 말 때문이었다. 평소 자기에게 주저 없이 간언할 것을 주문했던 자신의 말을 지키고자 했던 것이다.

훈민정음과 고약해 사건은 세종에게는 매우 모욕적인 것으로 아버지 태종 같았으면 관련자들은 모두 사형감이었다. 그런데도 세종은 자신의 분노를 최대한 절제했다. 고약해의 경우는 세종 자신이 발탁한 인물이었음에도 세종에게 가장 모욕적인 말을 서슴지 않았다. 보통 사람 같으면 두 번 다시 쳐다보기도 싫었을 것이다. 그런데도 세종은 그를 다시 복직시키고 직책도 장관급으로 높여주었다. 거기에 담긴 메시지는 무엇이었을까? 신하들의 입을 억지로 막지 않겠다는 것이었다. 세종은 자신의 한계를 알고 있었다. 리더가 되면 겪게 되는 가장 큰 한계가 무엇일까? 첫 번째는 정보 부족이다. 리더가 되면 많은 정보를 알게 될 것 같지만 현실은 그렇지 못하다. 리더에게 올라오는 정보는 아래에서 이미 걸러진 것들이다. 때에 따라서는 잘못 걸러져 편향된 정보만 올라올 수도 있다. 두 번째는 리더 특유의 독선에 빠지는 것이다. 2장에서 살펴본 성공 함정, 자기 도취 함정, 주도성 패러독스 함정, 유사성 함정 같은 것들이다. 다양한 정보가 올라와도 리더가 정보를 취사선택하면서 세상을 왜곡해서 볼 수도 있다. 이런 상황에서 리더의 분노는 상황을 더 악화시킬 수 있다. 분노로 인해 시야는 더욱 좁아질 것이고 책망을 두려워한 조직원들은 리더의 입맛에 맞춘 정보만을 올릴 것이다. 이렇게 되면 리더는 생각을 가둔 박스를 제거할 수 있는 어떤 자극도 받을 수 없다. 당연히 창조적인 의사결정을 내리는 것도 어려워진다. 이런 위험을 세종은 알고 있었다. 세종도 사람인 이상 분노라는 감정이 없을 수는 없었다. 하지만 그는 이것을 전략적으로 조절할 줄 알았던 것이다.

7

생각의 목적 상위에 두기

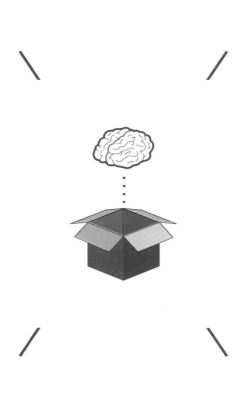

1. 생각의 목적이 중요한 이유

    리더가 생각을 가두는 박스에서 벗어나기 위해 반드시 염두에 둬야 할 또 다른 것이 있다. 생각의 목적을 '상위'에 두어야 하는 것이다. 생각의 목적이란 의사결정의 방향과 도달하고자 하는 목표 수준을 정하는 마음속의 이미지다. 목적이 중요한 이유는 세 가지다. 첫째, 생각의 목적이 분명해야 생각을 집중할 수 있기 때문이다. 집중을 한다는 것은 생각 자원을 한 방향으로 투입하는 것을 의미하기도 한다. 둘째, 생각의 목적에 따라 생각 그릇의 크기가 달라지기 때문이다. 생각의 목적은 산을 오르는 것에 비유할 수 있다. 산 아래에서는 산 아래의 전경만을 볼 수 있다. 하지만 정상에 오르면 시야가 트이며 넓은 세상을 볼 수 있다. 생각도 마찬가지다. 생각의 목적이 상위 즉, 높은 곳에 있어야 넓은 시야로 훨씬 좋은 의사결정을 내릴 수 있다. 여기서 상위란 전체의 이익을 의미한다. 목적을 상위에 두지 않고 자신이나 소수의 이익에 두면 생각의 그릇이 작아지면서 극단적인 박스 사고를 경험하게 된다. 셋째, 생각의 목적이 상위에 있어야 장기적인 관점의 시야를 가질 수 있기 때문이다. 리더에게 문제가 생기는 이유는 눈앞에 있는 단기적인 이익을 취하기 때문이다. 이것을 근시안이라고 한다. 그러면 더 멀리에 있는 큰 이익을 보지 못한다. 큰 이익은 리더나 소수에 의해서 만들어지는 것이 아니다. 많은 사람이 기꺼이 참여하고자 하는 마음이 합쳐져야 만들어진다. 그러기 위해서는 리더의 목적이 상위에 있어야 한다. 요약하자면 리더는 자기 생각의 목적을 분명히 해야 생각 자원을 집중할 수 있고, 이 목적이 반드시 상위에 있어야 생각의 그릇을 키우고 장기적 이익을 취할 수 있다. 그렇지 않으면 리더 본인은 물론이고 자신이 속한 조직이나 국가에 엄청난 문제가 발생한다. 이런 예는 많은 리더들로부터 찾아볼 수 있다.

프랑스 루이 14세

프랑스의 루이 14세Louis XIV는 5세에 프랑스 왕이 된 사람이다.[40] 로마 가톨릭 추기경인 쥘 마자랭Jules Mazarin 밑에서 왕권 수업을 받았다. 루이 14세는 베르사유 궁전을 초호화판으로 짓고 사치스러운 생활을 즐겼으며 계속해서 전쟁 도발을 일삼아 프랑스를 엉망으로 만들었다. 그 결과 루이 15세 때 프랑스는 국가 부도를 맞이하게 된다. 국민들은 베르사유 궁전 건립 부역에 끌려나갔고 건설 중에 죽은 사람들은 가족에게 언질도 없이 암매장되었다. 루이 14세는 화려한 생활을 좋아했다. 귀족들과 사냥터를 누볐고 당구와 춤을 즐겼다. 그는 특이하게 국가의 경계는 산맥이나 강 또는 바다 등의 자연적 지형에 의해 형성되어야 한다는 자연 국경설을 주장했다. 그래서 프랑스 국경은 피레네산맥, 알프스산맥 그리고 라인강이라고 우겼다. 자신의 땅이라고 생각한 곳을 차지하기 위해 다른 나라를 침략했고, 자연스럽게 전쟁이 확대되어 영국, 네덜란드, 독일 등과도 전쟁을 했다. 자신이 직접 국가를 경영한 54년 중(22세에 친정을 시작함) 32년을 전쟁에 몰두했다. 그의 화려한 생활과 전쟁은 국가와 국민을 피폐하게 만들었고, 국가 빚이 천문학적으로 늘었다. 도시에는 거지들의 구걸 소리와 병자들의 신음 소리가 가득했고 시체가 넘쳐났다. 루이 14세 때 프랑스인의 평균 수명은 25세가 채 안됐다. 루이 14세의 문제는 무엇이었을까? 그가 한 말을 살펴보면 이유를 알 수 있다.[41]

"짐이 곧 국가다."

"왕은 하나고 법도 하나며 신념도 하나다."

짐이 곧 국가이며 왕도 하나, 법도 하나, 신념도 하나라는 인식은 모든 것이 왕인 자신을 중심으로 존재해야 한다는 생각을 잘 보여준다. 다른 말로 하면 나의 목적이 국가의 목적이라는 것이다. 그에게 국민이라는 남과 이들이 속한 국가는 자신을 위해 존재하는 도구에 불과했다. 모든 일이 자신을 중심으로 돌아가야 했고, 세상의 모든 환호를 자신이 받아야 했다. 이에 대한 유명한 일화가 있다. 예술에 대한 애정이 깊었던 그는 화려한 극장을 짓고 유명한 예술가들을 초청해 공연을 보는 것을 좋아했다. 재미있게도 그는 관객들이 배우들에게 쳐주는 박수도 시기했다. 자기도 박수를 받고 싶어서 객석이 아닌 무대에 서서 박수를 치면서 관객들의 박수를 받았다. 루이 14세가 베르사유 궁전을 지은 이유도 이런 맥락이었다. 재무 장관이던 니콜라 푸케Nicolas Fouquet가 그를 집으로 초대한 적이 있었다. 루이 14세는 자신이 사는 왕궁보다 화려한 저택에 질투를 느꼈다. 결국 그는 말도 안 되는 이유로 푸케를 경질했고 결국 죽이기까지 했다. 그리고 이보다 화려한 베르사유 궁전을 지었다. 자신만이 절대 권력자라는 것을 보여주고 싶었던 것이다.

이런 생각은 그의 불우한 어린 시절의 경험과 관련이 있다. 루이 14세는 아주 어렸을 때 왕위 계승을 하면서 주위 사람들 때문에 온갖 고생을 했다. 하인들에게도 천대를 받았고 추위와 배고픔에 떨어야 했다. 후견인인 마자랭의 권위에 눌려 있었고, 어린 시절에 귀족들에 의한 프롱드의 난도 경험해야 했다. 이런 불우한 삶은 그의 목적 함수가 극단적으로 자기중심적이 되게 만들었다. 그는 모든 권력을 자신에게 집중시키는 데 몰두했고, 불우한 삶을 보상받기 위해 화려한 삶을 택했다. 영토 확장에 대한 욕심도 자신이 왕으로 있는 프랑스가 중심 국가라는 생각에서 나온 것이다. 하지만 루이 14세의 말년은 비참했다. 임종에 다다라서야 그는 리더가 왜 자신의 이익에서 빠져나와야 하는지를 깨달았다. 그는 죽기 전 증손자인 루이 15세에게 이웃 나라와 전쟁하지 말고 평화롭게 지낼 것과 국민들의 괴로움을 덜어주는 정치를 하라는 유언을 남겼다. 루이 14세가 죽자 프랑스 국민들은 축제 분위기에 휩싸였다.

항우

항우項羽는 진시황의 진나라를 멸하고 모든 면에서 유방劉邦보다 압도적으로 우세했지만, 중국 통일의 위업을 달성하지 못하고 유방에게 져 초라하게 죽은 인물이다. 중국 통일은 초나라 패현 지방의 동네 양아치였던 유방에 의해 완성되었다. 유방은 원래 항우와 싸우는 족족 졌고, 도망가는 데 방해가 된다고 자식을 마차에서 밀어 떨어뜨린 인물이다. 그런 그가 마지막 전투에서 승리하며 항우를 역사의 뒤안길로 밀어냈다. 하지만 항우가 몰락한 원인은 다른 사람에게 있지 않았다. 바로 그에게 있었다.

항우의 문제는 그가 진나라 수도 함양으로 들어오면서 드러났다.[42] 진나라 말기 항우는 반란군의 최대 세력을 이끌고 있었다. 유방은 항우의 예하 부대 장수에 불과했다. 그런데 진나라 수도에 먼저 입성하는 사람이 진나라를 접수한다는 이상한 규칙이 만들어졌다. 이로 인해 항우와 유방은 계획에 없던 패권 다툼에 돌입했다. 우직하고 용맹했던 항우는 진나라 군대와 진검 승부를 하면서 함양으로 진격했다. 반면 유방은 진나라군을 피해 다니며 함양으로 진격했고, 당연히 그가 먼저 함양을 무너뜨리게 되었다. 대권이 유방에게 넘어와야 했지만 항우군의 막강한 힘을 알고 있던 그는 항우에게 패권을 넘겨주었다. 유방의 책사였던 장량張良이 그렇게 해야 목숨을 부지할 수 있다고 조언했기 때문이다. 문제는 항우가 패권을 넘겨받으면서 일어났다. 초나라 출신인 항우는 진나라를 접수하자 진나라 백성을 상대로 한풀이에 돌입했다. 진나라가 초나라를 멸망시켰을 때 초나라의 마지막 왕인 회懷를 붙잡아 잔인하게 죽여 초나라 사람들을 조롱했기 때문이다. 이로 인해 초나라 사람들은 진나라를 철천지원수로 인식하게 되었는데, 당시 진나라가 망한다면 초나라 사람들 때문이라는 말이 떠돌 정도였다. 이런 기억으로부터 항우도 자유롭지 못했다. 자신을 초패왕楚覇王이라 부른 이유도 초나라의 자존심을 찾기 위해서였다. 이런 마음의 분노가 문제를 일으켰다. 항우군은 함양에 입성하자 진나라 백성들을 잔혹

하게 죽였고 여자들을 닥치는 대로 강간했다. 눈에 띄는 재산은 모두 훔치고, 진시황의 아방궁을 불태웠다. 항우가 함양에 들어오기 전에는 지금의 허난성에 해당하는 신안에서 항복한 진나라군 20만 명을 절벽으로 떨어뜨려 몰살한 일도 있었다. 이런 일련의 사건들이 합쳐지면서 중국인들은 항우를 잔인한 사람으로 인식하기 시작했고, 진나라 백성들은 항우를 원수로 간주했다. 점령지 백성들은 겉으로는 머리를 숙였지만 그를 진정한 리더로 받아들이지 못했다. 함양에 먼저 들어왔지만 진나라 사람들에 대한 적대 행위를 철저히 금지했던 유방에 대한 반응과는 다를 수밖에 없었다.

이런 일들을 예견하고 항우를 견제한 사람이 있었다. 항우의 책사 범증范增이었다. 그는 노련한 전략가였으며 진시황 이후의 중국 통일에 대한 비전을 가진 인물이었다. 항우는 약 26세의 혈기 왕성한 청년이었고 범증은 70세가 넘는 노인이었다. 범증은 항우에게 초나라를 뛰어넘는 대제국을 탄생시켜야 한다는 비전을 심어주었다. 이를 위해서는 진나라를 포함해 모든 중국 백성들을 포용해야 한다고 주장했다. 목적 함수를 상위에 두고 크게 설정하라는 것이었다. 하지만 항우는 반대로 움직였다. 그의 마음속에 국가는 오로지 초나라뿐이었고, 다른 나라 백성들은 안중에 없었다. 특히 진나라에 대한 원한은 누그러지지 않았다. 항우는 이런 박스 사고에서 빠져나오지 못했다. 범증은 항우의 마음을 돌려보려고 무진 애를 썼다. 그럴수록 항우와 범증 사이는 벌어졌다. 이것을 안 유방 진영의 진평陳平이 항우와 범증 사이를 갈라놓을 계책을 마련했다. 범증이 유방군과 내통하고 있다는 거짓 정보를 흘려 항우 스스로 범증을 내쫓게 했다. 이후 항우는 자신을 위해 헌신하는 다른 장수들도 믿지 못했다. 항우는 자신의 친척인 항씨 일가에만 의존하여 결정을 내리기 시작했다. 그의 박스 사고는 날이 갈수록 심해졌다. 항우군 장수들은 언제 항씨들의 탄핵을 받을지 몰라 전전긍긍했고 항우에게 반하는 말은 입 밖에 꺼내지도 않았다. 심지어 승산 있는 전투에도 의심받을 것처럼 보이면 나서지 않았다. 항우는 백성의 마음도 얻지 못했고 자기를 돕는 장수들의 마음도 떠나게 했다.

유방군과 항우군이 광무산에서 장시간 대치했다. 지친 양쪽 군은 전국을 양분하기로 약속하고 철수하기로 했지만, 유방군이 철수 약속을 깨고 항우군의 뒤를 쳤다. 그렇게 항우와 유방은 마지막 전투를 벌이게 되었다. 이때 항우군은 보급에 차질이 있었고, 이를 극복하기 위해서는 주변 백성들의 지원이 절실했다. 백성들은 항우군에게 쌀 한 톨 내주지 않았다. 오히려 항우군의 세세한 움직임까지 유방군에게 알려주었다. 결국 항우는 해하에서 치른 마지막 전투에서 유방, 한신韓信 그리고 팽월彭越의 집중적인 포위 공격을 받았다. '사면초가四面楚歌'라는 말이 여기서 유래한 것이다. 사방에서 들려오는 초나라의 구슬픈 노래는 항우 병사들의 마음을 찢어놓으며 사기를 꺾었다. 그리고 항우군은 괴멸되었다. 간신히 도망간 항우는 오강에 다다르게 된다. 사공은 강을 건너 다음 기회를 준비하라고 권유했으나 그는 거부하고 자결하여 인생을 마감했다. 이런 슬픈 이야기가 〈패왕별희覇王別姬〉라는 경극으로 전해지고 있다. 초패왕 항우가 사랑했던 우희虞姬와 죽음으로 이별한다는 내용이다.

항우와 유방의 5년간의 싸움은 유방의 승리로 끝났다. 항우의 실패 원인은 다른 곳에 있지 않았다. 초나라와 친척 항씨들의 이익만을 위해 다른 나라의 백성들과 자신을 돕는 주변 사람들을 잘못된 눈으로 바라본 좁은 박스 사고에 있었다.

에드워드 램퍼트

에드워드 램퍼트Edward S. Lampert는 미국 유수의 백화점 시어스Sears의 회장이었던 인물이다. 이 사람이 126년의 전통을 자랑하던 시어스 백화점을 2018년 파산시켰다. 백화점이 망한 이유는 그의 생각의 목적이 기업을 향해 있지 않았기 때문이다. 이 사람은 원래 ESL 인베스트먼트ESL Investments라는 헤지펀드 운영사를 설립한 사람이었다. 투자자로서의 역량은 대단히 뛰어났지만 백화점 경영에서는 반대였다. 가장 큰 이유는 기업을 자신의 이익 구조에서 보는 시각이었다. 그는 기업을 고객-종업원-경영자의 연결고리로 보지 않았다. 그저 자기에게 돈을 벌어주는 부동산의 한 조각으로 보았다. 그가 처음부터 시어스 경영에 뛰어든 것은 아니었다. 자기가 설립한 헤지펀드를 통해 백화점을 인수한 후 경영은 전문 경영자에게 맡겼다.[43] 하지만 그는 자기 생각을 전문 경영자가 제대로 펼치지 못한다며 2013년 경영에 직접 나섰다. 그 결과는 참담했다. 2008년에 30만 명이었던 종업원 수가 2018년에는 6만 8,000명으로 줄어들었다. 백화점은 망해가는데 그가 주인인 헤지펀드의 고율 배당은 꼬박꼬박 이루어졌다. 그는 적자 백화점들은 처분하고 수익이 나는 곳만 남겼다. 그래야 배당을 받을 수 있었기 때문이다. 그렇게 서서히 죽어가던 시어스는 아마존 등 인터넷 기업들이 등장하자 더욱 나락으로 빠지기 시작했다. 이때 램퍼트는 어마어마한 실수를 했다. 자기가 설립했고 시어스의 대주주였던 ESL 인베스트먼트를 통해 2005년부터 2012년까지 시어스가 자사주 60억 달러(한화 약 7조 2,000억 원, 1달러 1,200원 기준)를 사들이도록 압력을 가한 것이다. 이 돈이면 인터넷 기업들의 공세가 시작되던 무렵 디지털 전략을 구사할 수 있었다. 이 귀한 돈을 ESL 인베스트먼트가 투자한 시어스의 주가 방어를 위해 버린 것이다. 이로 인한 약발은 2017년까지 이어졌다. 이때만 해도 6달러였던 주가는 2018년에 40센트 이하로 주저앉았다. 이 정도는 그래도 괜찮았다. 그는 시어스의 알짜 부동산을 모두 자기가 세운 부동산 회사로 빼돌렸다. 월가의 전문가들은 램퍼트가 시어스를 사들일 때부터 백화점 경영에는 아무 관심이 없었고 부동산에만 눈독을 들였다고 지적했다. 시어스를 자신의 이익을 채우는 도구로만 생각했던 그는 결국 126년 역사의 기업을 파산으로 밀어 넣었다.

2. 세종의 생각 목적

    세종은 생각의 목적을 어디에 두었을까? 그의 목적은 자신의 이익에 있지 않았다. 그는 리더로서 자신의 사적 이익을 위한 행동을 극도로 자제했고, 항상 백성의 삶을 최우선에 두었다. 세종의 목적은 다음에서 잘 나타난다.

> "백성은 나라의 근본이니, 근본이 튼튼해야만 나라가 평안하게 된다. … 오직 이 백성을 기르고 무수하는 방법만이 마음속에 간절하여, … (관리들을) 거듭 단속하였는데도, 오히려 듣고 보는 바가 미치지 못함이 있을까 염려된다. … 관리는 깨우쳐서 반성하는 마음으로 관가의 일을 문란하게 하지 못하게 하고, … 근심하고 탄식하는 소리가 영구히 끊어져

서 각기 생생하는 즐거움(생생지락)을 이루도록 할 것이다."

— 세종 5년 7월 3일

위 기록은 세종이 관리들에게 백성을 위한 사람이 되어줄 것을 당부하며 백성이 즐거운 삶을 살 수 있도록 하자고 말하는 내용이다. 그는 우선 나라의 근본이 백성임을 분명히 했다. 그리고 자신은 백성이 피곤하지 않도록 어루만져주고 편안하게 해주는 것(무수撫綏하는 것)만을 생각한다고 입을 뗀 후, 관리들이 역할을 올바르게 해줄 것을 당부하고 있다. 이렇게 해야 하는 이유는 백성의 탄식 소리를 줄이고 이들이 즐거움 속에서 살아갈 수 있도록 하기 위함이라는 것이다. 이 기록에는 세종의 목적 함수가 분명히 드러나 있다. 바로 백성의 생생지락生生之樂이다. 백성들이 살맛을 느끼며 살아가는 것을 말한다.

세종의 목적을 알 수 있는 또 다른 기록이 있다. 세종은 왕이 된 지 25년째 되는 해에 온천에 가게 된다. 그는 이때 충청감사에게 다음과 같은 말을 했다.

"대개 남의 고생을 스스로 알지 못한다고 하지만, 내 이미 늙고 병들어 여러 번 온천엘 갔었으나 언제나 효험을 보지 못하여 마음에 심히 부끄럽다. … 대신들이 심히 청하므로 마지못해 억지로 좇겠노라. 그러나 신하로서 임금에게 진귀한 음식과 별미의 것을 서로 먼저 올리려 하다가, 그 때문에 백성을 괴롭히고 번거롭게 하여 원망을 일으키게 됨은 옳지 못한 일이다. 내 민폐를 절대로 없게 하여 조금이라도 내 마음을 편하게 하려 하니, 충청감사에게 이미 마른반찬을 준비한 것 외에는, 비록 산나물이든 들나물이든 쉽게 구할 물건일지라도 올리지 말게 하라."

— 세종 25년 1월 14일

세종은 걸어 다니는 병동이었다. 당뇨에 요로결석이 있었고 다리는 절뚝거렸다. 눈은 안질로 침침했으며, 당뇨 합병증으로 한쪽 눈은 거의 실명 상태였다. 이런 세종에게 신하들은 온천에 가서 치료도 할 겸 쉬라고 강권했다. 그렇게 해봐야 효과도 없는데 신하들이 강권을 하니 가긴 가겠다고 세종이 말했다. 그런데 세종이 조건을 달았다. 화려한 행차가 되지 않도록 주문한 것이다. 대체로 왕의 행차는 화려하다. 왕의 위엄을 보이고자 하기 때문이다. 왕의 지방 행차는 지방 고위 관료들에게는 엄청난 기회였다. 진귀한 음식을 차리고 처소를 극진히 마련하여 대접하면 왕의 눈에 띄어 승진할 가능성이 높았기 때문이다. 세종이 행차를 한 날은 음력 1월 14일로 아직 한겨울이다. 그런데도 왕에게 잘 보이고 싶은 지방 관리들이

산해진미를 올릴 가능성이 높았다. 그래서 세종은 지방 관리들에게 산나물이나 들나물조차 올리지 말라고 명했다. 겨울에 나지도 않는 나물을 올리려면 백성들을 핍박할 것임을 알았기 때문이다. 자신은 특별히 채집이 필요하지 않은 마른반찬이면 충분하다는 것이 위 기록이다.

비슷한 내용은 《세종실록》 여기저기에 나온다. 세종 8년에도 조선은 가뭄으로 몸살을 앓았다. 쌀이 부족해지자 술을 금하는 금주령이 내려졌다. 이런 가운데 신하들이 세종에게 술을 좀 마실 것을 권했다. 세종의 건강이 안 좋아졌기 때문이다. 날씨로 인해 기압이 변해서 몸이 약한 사람들은 온몸이 쑤시고 아플 시기였다. 신하들은 세종에게 피의 순환을 돕기 위해 술을 조금 하라고 권했다. 그러자 세종은 "내가 술을 마신다면 대궐 안에서 모두 술을 쓰게 될 것이니, 어찌 조금 비가 왔다고 해서 금주를 늦출 수야 있겠는가"라고 답했다. 신하들은 병을 치료하는 방편으로 드시라고 재차 건의했다. 그러자 세종이 다음과 같은 말을 했다.

> "나는 술을 마시면서 다른 사람의 술 마시는 것을 금하는 것이 옳겠는가."
>
> ― 세종 8년 5월 11일

세종 20년 흠경각欽敬閣에 대한 기록이 나온다. 이것은 1438년 장영실이 만든 자동 물시계인 흠경각루欽敬閣漏가 설치된 건물을 말한다. 흠경각루는 매우 정교하게 시간을 알려주는 물시계다. 시각마다 동물 인형이나 옥녀玉女들이 시간을 알려주었다. 그런데 이 시계 주위에 시각을 알려주는 것과는 아무 관련이 없는 빈풍도豳風圖라는 그림이 그려져 있다. 사서삼경 중 하나인 《시경詩經》의 〈빈풍칠월편豳風七月編〉을 그림으로 그린 것이다. 여기에는 백성들이 농사를 지으면서 겪는 어려움이 그려져 있다. 이 그림이 그려진 이유는 백성들의 고단한 삶을 왕이 매시간 보면서 반성하기 위해서다. '흠경'이라는 말은 《서경書經》에 있는 '공경함을 하늘과 같이 하여, 백성에게 절후를 알려준다欽若昊天, 敬授人時'는 말에서 따온 것이다. 세종에게 하늘은 백성이었고, 그 백성에게 시간을 알려주는 것이 흠경이었다. 흠경이라는 단어를 사용한 것으로도 세종의 목적이 백성에게 있었음을 알 수 있다.

3. 리더의 생각 목적

리더가 상위 목적을 염두에 두면 자신의 생각 폭이 넓어지는 것은 물론이고 리더를 따르는 사람들의 생각도 넓고 크게 바뀐다. 상위 목적이 갖는 변혁적 힘 때문이다. 조직원들은 큰일에 참여하고 있다는 자부심을 느끼며 몰입하게 된다. 세종 시대 창조물들의 공통점은 한두 사람의 천재가 홀로 만든 게 아니라는 것이다. 여러 사람이 협력해 만들어진 것들이 대부분이고 그 난이도도 매우 높았다. 세종 시대의 인재들은 혼신의 힘을 다해 협력했고 자신에게 주어진 책임을 다했다. 왜 그랬을까? 세종의 상위 목적이 영향을 주었다는 것을 알 수 있는 기록이 남아 있다.

"제왕의 정치는 역법과 천문으로 때를 맞추는 것보다 더 큰 것이 없는데, … 우리 전하께서 … 대소간의, 일성정시의, 혼의 및 혼상 … 천평일구, 현주일구, 정남일구, 앙부일구, 대소규표 및 흠경각루, 보루각루와 행루들 … 또《칠정산내외편》을 편찬하였는데, … 전하께서 하늘을 공경하고 백성에게 힘쓰시는 정사가 극치에 이르지 않은 것이 없음을 볼 수 있을 것이다."

— 세종 27년 3월 30일

세종 27년(1445년)에 간행된 《제가역상집諸家曆象集》의 서문에 나오는 내용이다. 세종의 명을 받은 이순지가 세종 시대에 발명된 천문 기구, 해시계, 역법 등을 설명한 책이다. 이순지는 세종 시대의 각종 천문 기구와 시계, 천문 시설 및 《칠정산내외편七政算內外篇》이라는 역법서 등이 모두 세종의 백성 사랑에서 비롯되었다고 적었다. 이순지는 김담과 함께 《칠정산내외편》을 집필한 사람으로 알려져 있다. 《칠정산내외편》을 집필하기까지 이순지의 고생은 말로 다 할 수 없을 정도였다. 그가 천문에 재주가 있었다고 해도 아랍 국가의 천문서인 《회회력 回回曆, 이슬람 역법》과 중국 원나라의 역법인 수시력授時曆을 완벽하게 이해하는 것은 정말 힘든 일이었을 것이다. 《칠정산외편》을 예로 들어보자. 이 책은 중국 명나라 때 번역되어 중국에 소개된 《회회력》을 참고해 만든 것이다. 세종 14년(1432년)에 시작해 세종 24년(1442년)에 완성된 것으로, 그 연구 시간만 장장 10년이 걸렸다. 수도 없는 시행착오로 기나긴 시간이 흘렀음을 말해준다. 그는 이 일에 목숨을 걸었다. 그는 이 작업에 왜 그렇게 몰입했을까? 단순히 왕에게 잘 보이기 위해서만이 아니었을 것이다. 몰입은 몰입해야 하는 이유가 강하게 내재될 때 일어난다. 이순지는 위 기록에서 "전하께서 하늘을 공경하고 백성에게 힘쓰시는 정사가 극치에 이르(러)"라는 표현을 쓰고 있다. 그는 세종의 백성 사랑에 감명받아 그 높은 가치와 목표에 동참한 것이다.

실패하는 리더들의 공통점이 하나 있다. 자신의 이익을 위해 조직원들을 활용하고 자신의 이익과 전체의 이익을 동일시한다는 점이다.[44] 나폴레옹, 연산군, 진시황이 그런 인물들이다. 이것을 조직원들이 알게 되면 그들은 조직을 떠나거나 그저 일하는 척만 하게 된다. 이런 사람들로는 조직을 창조적으로 만들 수 없다. 세종을 따르던 사람들은 그런 사람들과는 정반대에 서 있었다.

3부

리더십을
언박싱하라

unboxing

8

의사결정 상황과
생각 위에서 생각하기

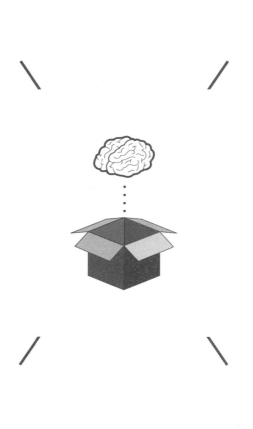

1. 의사결정 상황

리더는 언제 생각 위에서 생각해야 할까? 이것을 알기 위해서는 먼저 의사결정 상황을 살펴보아야 한다. 의사결정 상황에는 크게 네 종류가 있다.

- **단순 상황:** 결과에 이르는 방법이 알려져 있거나 이를 쉽게 알수 있는 상황
- **복잡 상황:** 결과에 이르는 방법이 복잡하지만 주의를 기울여 살피면 알 수 있는 상황
- **복합 상황:** 결과에 이르는 방법이 얽혀 있고 이들 역시 수시로 바뀌는 상황
- **혼돈 상황:** 결과에 이르는 방법에 대해 알려진 것이 거의 없는

상황

　단순 상황은 행동과 결과의 관계가 분명해 해결과 실행이 쉬운 경우를 말한다. 등산으로 비유하자면 등산로가 아주 잘 정비된 산, 즉 도봉산이나 북한산을 오르는 것과 비슷하다. 이 산들은 정상에 이르는 안내 표지와 길이 잘 정비되어 있어서 산 아래에서 위까지 어떻게 올라가는지가 명확하다. 자신의 경험이나 지식을 반복 사용해 문제 해결이 가능하거나, 조금만 정보를 얻으면 쉽게 이해할 수 있는 상황이라고 보면 된다. 복잡 상황은 단순 상황처럼 간단하지는 않지만 경험의 폭이 넓거나 세심한 주의를 기울이면 해결책에 이를 수 있는 경우다. 다시 산으로 비유하자면 정상으로 올라가는 길이 알려져 있지만 지도에는 표시되지 않은 계곡과 절벽 등이 중간중간 나오는 경우다. 초보자에게는 복잡한 길이지만 유사한 길을 다녀본 사람들에게는 별로 어렵지 않거나 약간의 시행착오를 거치면 오를 수 있는 경우다. 복합 상황은 원인과 결과가 얽혀 있고 이것이 수시로 반전되는 경우다. 에베레스트에 올라갈 때를 생각하면 된다. 에베레스트는 여러 번 올라가 본 사람들도 올라갈 때마다 어려워한다. 어떻게 하면 올라갈 수 있는지는 알지만 상황이 수시로 바뀌어 대처하기가 쉽지 않기 때문이다. 혼돈 상황은 어떤 것도 알려져 있지 않은 경우를 말한다. 화성에 있는 산을 오른다고 가정해보면 된다. 누구도 무슨 일이 벌어질지 알 수 없다. 이것이 혼돈 상황이다.

리더는 언제 주위 사람들의 생각을 빌려야 하고 생각 위에서 생각해야 할까? 결정을 해야 하는 상황이 복잡하고(복잡 상황) 명쾌하지 않으며(복합 상황) 혼란스러울 때(혼돈 상황)다. 〈그림 8-1〉을 보자. 이것에 의하면 단순 상황에서는 '상황에 대한 감 잡기→분류→결정' 순서로 의사결정을 하면 된다. 도봉산 입구에 가면 다양한 길이 표지판에 쓰여 있다. 여기서 도봉산 등산로에 대한 감을 잡은 뒤(감 잡기) 정상에 올라가는 길들을 살펴보고(분류) 하나의 길을 선

〈그림 8-1〉 **의사결정 상황**

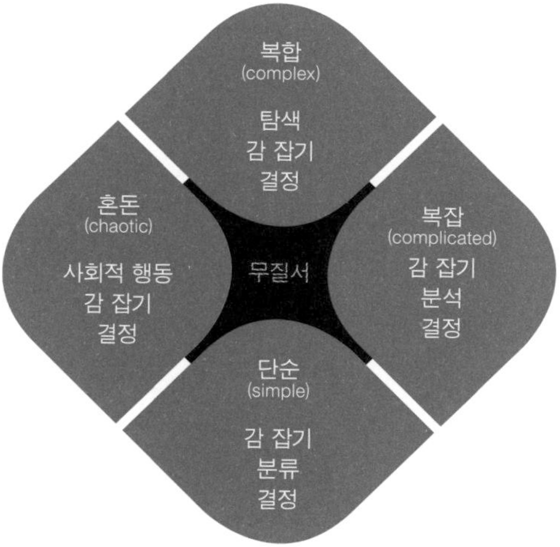

택해서(결정) 정상으로 올라가면 된다. 사람은 어떤 일에 부딪혔을 때 표지판 같은 것을 머릿속에 가지고 있다. 자신의 경험이다. 이 경험을 반복해 사용해도 문제가 없는 경우라면 굳이 여러 사람의 머리를 빌릴 필요가 없다. 동일한 설계도면을 가지고 똑같은 집을 여러 번 지을 때와 같다.

복잡 상황에서는 '감 잡기→분석→결정' 순서로 의사결정이 일어난다. 복잡 상황의 경우 정상에 올라가는 길이 알려져 있긴 하지만 단순 상황과 달리 복잡하다. 예로 설악산에 오르는 것을 들 수 있다. 설악산 정상에 오르는 길은 비교적 잘 알려져 있다. 하지만 올라가는 루트에 따라 때론 계곡을 건너야 하고, 때로는 암벽길, 비탈길을 타야 한다. 중간에 갈림길도 나올 수 있다. 복잡 상황의 경우에도 단순 상황과 비슷하게 먼저 감 잡기가 중요하다. 이 경우에 리더는 다른 사람들의 경험을 활용하는 것이 좋다. 만일 리더가 산전수전을 다 겪어 모든 길에 대한 경험이 있다면 모를까 그렇지 않은 경우에는 다른 사람의 경험 정보가 필요하다. 비즈니스를 하다 보면 다른 사업을 인수합병하는 경우도 있다. 이 경우 굉장히 복잡한 일이 일어난다. 리더 본인의 경험으로 해결할 수 있는 경우도 있지만 잘 모르는 영역도 있을 수 있다. 그래서 복잡 상황에서는 감을 잡을 때부터 주위의 경험과 생각을 활용해야 하고, 혹시 자신의 감에 문제가 없는지를 확인하는 생각 위에서 생각하기가 필요하다.

그다음이 분석이다. 리더가 자신이 아는 것과 모르는 것을 살펴보고, 자기가 모르는 다른 선택지가 있는지를 알고자 하는 것이다. 이때 경험이 풍부한 내부 및 외부 전문가와의 대화가 필요하다. 이런 과정이 끝나야 결정에 이를 수 있다.

복합 상황은 까다롭다. 복잡 상황에서는 어떤 상황인지에 대한 감은 잡을 수 있지만, 복합 상황에서는 이것이 어렵다. 의사결정의 결과가 어떻게 나타날지 알 수 없기 때문이다. 과거 경험이 도움이 되기는 하지만 그대로 해도 되는지 확신이 서지 않는다. 기존 제품을 개선해 신제품을 출시할 때 이런 일이 자주 일어난다. 기존 제품의 연장선이니 해당 제품 출시에 대한 경험이 전혀 없다고 하기는 어렵지만, 이 제품이 시장에서 어떤 반응을 일으킬지는 확실히 알기 어렵다. 이런 경우 본격적으로 시장 출시를 하기 전에 소량으로 시장 테스트를 해보면 된다. 이런 경험이 어느 정도 쌓이면 감을 잡을 수 있다. 결정은 충분한 정보가 쌓였을 때 해야 한다. 리더는 복합 상황을 맞닥뜨렸을 때 주위 사람들 그리고 외부 전문가와 충분한 대화를 나누어 생각 위에서 생각해야 한다. 이런 점검을 통해 처음 생각한 것이 맞는지 아니면 새로운 방법을 찾아야 하는지를 끊임없이 탐색해야 한다.

혼돈 상황에서는 복합 상황에 놓였을 때보다 의사결정 하기가 훨씬 힘들다. 그만큼 창조적 의사결정이 필요한 상황이다. 한 번도 그리고 누구도 경험하지 못한 길을 가야 하기 때문이다. 이때 중요한 것은 상황에 대한 감을 잡기 위해 수도 없이 실험을 해야 한다는 점이다. 복합 상황에서 하는 파일럿 테스트와는 전혀 다르다고 보아야 한다. 인간이 외계 행성을 탐험하는 것과 유사하다. 비즈니스로 비유하자면 지금까지 누구도 해보지 않은 사업을 시도하는 경우다. 테슬라 Tesla라는 기업이 민간인을 대상으로 우주여행 사업을 하겠다고 나섰다. 이것이 혼돈 상황이다. 이 경우 어떻게 해야 하는가? 무수히 많은 시행착오와 실험이 반복되어야 한다. 인간이 생각할 수 있는 모든 경우를 생각해보고 여기에 대비한 실험을 해야 한다. 당연히 무수히 많은 실패를 각오해야 한다. 이때의 실패는 우리가 알고 있는 그런 실패가 아니다. 학습을 위한 실패다. 이런 학습이 충분히 일어나야 감을 잡을 수 있다. 감이 잡히지도 않았는데 실험을 중단하고 섣불리 결정에 나서면 문제에 봉착할 수 있다. 혼돈 상황에서는 어느 누구도 앞을 내다볼 수 없다. 그래서 더더욱 리더는 생각 위에서 생각해야 하고, 한 번의 실험이 끝날 때마다 이것을 반복해야 한다. 이것이 충분히 이루어지지 않은 상태에서 의사결정이 이루어지면 재앙이 일어날 수 있다.

2. 비즈니스에서의 의사결정 상황

    단순, 복잡, 복합, 혼돈 상황에 대한 이해를 돕기 위해 비즈니스 상황을 빗대어 조금 더 설명하고자 한다. 비즈니스를 하다 보면 수명 주기라는 말을 종종 듣는다. 수명 주기는 제품이나 서비스가 태어나서 죽기까지의 과정을 설명하는 이론 모형이다. 도입기(제품/서비스가 시장에 등장하는 상황) → 성장기(제품/서비스가 시장에 안착해 고객이 빠르게 증가하는 상황) → 성숙기(제품/서비스를 사용하는 고객이 더 이상 증가하지 않고 포화에 이르는 상황) → 쇠퇴기(새로운 대체 제품/서비스의 등장으로 기존 제품/서비스 시장이 사라지는 상황)로 나누어 설명된다. 이중 도입기가 혼돈 상황이라고 할 수 있다. 새로운 제품이나 서비스가 시장에서 어떤 결과를 낳을지 아무도 모르기 때문이다. 성장기로 들어서면 도입기에 선두 주자로 나섰던 기업의 경험이 전파되기 시작한다. 특히 새로운 제품이나 서비스에 고객이 어떻게 반응하는지가 확인되었다. 하지만 아직 기술적으로 해결해야 할 문제들과 고객마다 다른 니즈를 어떻게 충족시킬 것인가 하는 문제가 남아 있다. 그래서 이 시기는 복합 상황의 특징을 갖는다. 성숙기가 되면 모든 것이 확연해진다. 기술적으로 변할 것도 없고 소비자들에 대한 불확실성도 없다. 가장 중요한 것은 누가 싸게 파느냐. 이 시기의 특징은 복잡 상황이나 단순 상황으로 표현할 수 있다. 제품이나 서비스를 준비할 때 많은 요소들을 고려해야 한다면 복잡 상황이라 할 수 있고, 고려해야 할 요소들이 비교적 간단하면 단순 상황이라 할 수 있다.

수명 주기 단계와 상황에 대한 연계는 나라마다 다르다. 한 나라에 처음 도입되는 제품이나 서비스라고 해도 어떤 나라에 도입되느냐에 따라 의사결정 상황이 달라질 수 있다. 예를 들어, 선진국 시장에 처음 도입되는 제품이나 서비스는 혼돈 상황일 가능성이 크다. 전 세계에서 어느 누구도 경험하지 못한 시장을 여는 것이기 때문이다. 하지만 개발도상국 시장이 선진국에서 이미 개발한 제품이나 서비스를 도입하는 경우는 복잡 혹은 단순 상황이 될 때가 많다. 전자식 흑백 TV 시장은 1940년대 미국의 RCA라는 회사에 의해 본격적으로 열리게 되었다. 당시 이 회사는 혼돈 상황을 경험했을 것이다. 1960년대 중반에 LG의 전신인 금성사가 처음으로 흑백

TV를 한국 시장에 내놓았다. 이때 금성사는 복잡 상황에 놓였을 가능성이 높다. 당시 금성사는 라디오를 주력으로 하던 회사로 흑백 TV는 라디오보다는 훨씬 복잡한 기술을 필요로 했기 때문이다. 하지만 금성사는 흑백 TV 생산에 어떤 기술이 필요하고 생산은 어떻게 해야 하며, 소비자들은 어떻게 반응하고 있는지를 알고 시장에 진입했다. 필요한 기술이나 정보는 미국이나 일본 기업으로부터 공급받을 수 있었다. 따라서 한국 시장에서는 처음 제품을 내놓는 것이기는 했지만 그렇다고 혼란스럽거나(혼돈 상황) 애매한 상황(복합 상황)에 놓인 것은 아니었다. 라디오를 만들 때보다 복잡한 기술을 안착시키는 상황(복잡 상황)에 대처하는 것이 중요했다. 금성사만 이런 경험을 한 것은 아니었다. 과거 한국의 대다수 기업들은 미국이나 일본 기업으로부터 전수된 제품이나 서비스 생산 기술을 사용했다. 따라서 이 시기의 의사결정 상황은 복잡 또는 단순 상황이었다고 할 수 있다. 이때 주로 전수된 제품이나 서비스가 글로벌 수명 주기로 보면 성숙기 후반이나 쇠퇴기에 들어간 것들이었다. 흑백 TV, 컬러 TV, 냉장고, 자동차, 선박, 철강 등이 여기에 속한다.

하지만 최근의 상황은 매우 다르다. 한국의 상황이 복합 상황으로 진화하기 시작한 것이다. 한국이 시장에 내놓는 제품이나 서비스가 선진 시장에서 성장기에 해당하는 것들이기 때문이다. 스마트폰이 그 예다. 이전에는 피처폰이라는 일반 휴대폰을 생산하던 삼성전자와 LG전자가 애플의 스마트폰 출시에 자극받아 이 시장에 진입했다. 애플은 스마트폰이라는 최초의 제품을 시장에 내놓으면서 시장 개척이라는 혼돈 상황을 경험했다. 하드웨어와 소프트웨어라는 두 마리 토끼를 잡으면서, 소비자들이 스마트폰에 어떤 반응을 보일지 모르는 상태로 시장에 진입했기 때문이다. 상대적으로 삼성전자와 LG전자는 애플의 행보를 지켜보면서 행동했다. 그런데도 이들이 해결해야 했던 기술적인 문제들이 많았는데, 특히 소프트웨어가 그러했다. 이 분야는 하드웨어 생산에 전념했던 삼성전자와 LG전자에게는 매우 생소한 분야였다. 따라서 당시 이들의 상황은 복합적일 가능성이 높다.

앞으로 어떤 일이 벌어질까? 한국 기업들은 복합 상황을 넘어서 혼돈 상황으로 진입할 가능성이 높다. 중국 기업들 때문이다. 중국은 이미 복잡 상황을 극복할 수 있는 경영 체계를 구축했고, 글로벌 시장에서 한국 기업과 중국 기업이 맞대결하고 있다. 그런데 여기서 서서히 한국 기업들이 밀리고 있다. 어떻게 해야 하는가? 더 복합적인 상황에서도 살아남고 심지어 혼돈 상황에서도 살아남을 수 있는 체질을 만들어야 한다. 그 필수 요건이 창조성이며, 이를 갖추기 위한 전제 조건이 창조적 리더십이다. 당연히 한국의 리더들은 과거의 자기중심적 리더십에서 벗어나야 한다. 그리고 창조적으로 생각할 수 있는 힘을 단련해야 한다. 이것의 요체가 바로 생각 위에서 생각하기다. 생각 위에서 생각하기를 가능하게 하려면 주위의 생각을 사용할 줄 아는 지혜가 있어야 한다.

3. 세종의 상황 판단 착오

의사결정 상황을 이해하는 것이 중요한 이유가 있다. 리더가 이 것을 잘 이해하지 못하고 의사결정을 하게 되면 생각을 언박싱하기 어렵기 때문이다. 세종이 창조적 리더로 존경받는 이유는 바로 이 런 상황에 대한 대비가 철저했기 때문이다. 그는 가능하면 주위의 생각을 활용하는 생각 위에서 생각하기를 통해 상황을 인식하려고 했다. 자신이 혹시 단순 상황이라고 착각해 잘못된 결정을 내리는 것은 아닌지 경계했기 때문이다.

그런 그도 실수를 한 적이 있다. 2차 여진족 정벌을 했을 때다. 여진족 정벌은 두 번에 걸쳐 진행되었다. 1433년(세종 14년)에 있었 던 1차 정벌은 앞서 4장에서 설명한 대로 대성공이었다. 주위로부 터 다양한 의견을 얻어 의사결정 상황에 대해 정확히 인식하고, 이를 통해 정교하게 전쟁을 준비했기 때문에 가능했다. 세종은 1차 여진족 정벌 상황을 혼돈 상황으로 보았다. 이 전쟁은 과거 소규모 전투들과는 비교할 수 없을 정도로 복잡하고, 어떤 일이 벌어질지 알 수 없었다. 이 상황을 해결하기 위해 세종은 명나라와의 관계, 병력 동원 규모, 토벌 시기 등을 6개월에 걸쳐 치밀하게 논의하며 작전을 수립했다. 이만주의 의중을 떠보기 위해 사전 교란 작전도 펼쳤고, 적진에 스파이를 침투시켜 그의 행동을 면밀히 감시했다. 처음에 했던 생각이나 결정들도 상황이 변하면 과감히 버렸다. 이런 행동 뒤에는 세종의 생각 위에서 생각하기가 있었다. 이것을 통해 그는 생각을 언박싱할 수 있었다.

하지만 2차 정벌은 실패에 가까운 초라한 성과를 거뒀다. 2차 정벌은 이만주가 이끄는 여진족이 두만강 하류까지 다시 침투하자 김종서의 건의를 받아들여 결정되었다. 신료들은 명과의 관계 등 여러 가지 현실적인 이유로 정벌을 반대했다. 하지만 세종은 밀어붙였다. 1차 정벌 때 세종은 비슷한 이유로 반대하는 신하들과 6개월 (1432년 12월~1433년 5월)에 걸쳐 41차례의 회의와 33회 이르는 격렬한 토론을 했다. 이 과정을 통해 신하들이 무엇을 염려하는지 그리고 극복 방안은 없는지를 면밀히 살폈다. 토론이 깊이 있게 진행되자 세종도, 신하들도 토벌이 성공할 것이라는 확신을 가지게 되었다. 하지만 2차 때는 세종의 이런 모습이 사라졌다. 세종은 측근인

몇몇 신하들과 간단히 의논하여 정벌을 결정했다. 1차 정벌 성공으로 인한 자신감이 세종을 자만하게 만들었기 때문이다. 그는 2차 정벌 상황을 단순 상황으로 인식했다.

2차 정벌 때도 1차 때와 비슷하게 6개월(1437년 5~10월)의 논의 기간이 있었지만 질적으로는 비교할 수 없을 정도로 떨어졌다. 이 기간에는 불과 열 번의 회의와 2회 정도의 격렬한 토론을 가졌을 뿐이었다. 회의 내용도 이상했다. 대부분이 세종의 지시(37회)였고, 나머지는 신하들의 보고(22회)만 있었다. 1차 정벌이 리더와 주위 사람들의 다양한 생각과 깊이 있는 성찰이 결합해 이루어진 것이라면, 2차는 세종의 일방적인 지시가 주를 이루었다.[45] 세종은 너무나도 세세한 작전 명령을 하나하나 직접 하달했다. 세종 19년 7월 18일의 기록이 이것을 잘 보여주고 있다.

평안도 도절제사에 전지하기를 "이제 상언한 것을 보니 이미 경의 포치가 잘된 것을 알겠다. 그러나 의논하는 사람들이 … 의논하는 것이 분분해서 통일되지 않았다. 내 뜻으로는 '대군이 함께 행진하되 반나절 먼저 척후 기병을 보내어, 오자점이나 혹은 고음한이나 혹은 오미 동구를 엄습해서, 만약에 사로잡는 자가 있으면 비록 한두 명이더라도 윽박질러 향도로 삼고, 길을 배나 빨리하여 함께 갈 것이다. 바로 적의 괴수가 있는 곳을 향해 가서 저들이 깨닫지 못하는 틈을 타 습격하여 괴수를 잡는다면 계책으로는 상책일 것이다. … 경의 뜻은 어떠한가. … 지금의 장맛비로써 본다면 8, 9월간에는 당연히 비가 오지 않을 것이라 생각한다. 그러나 하늘의 일을 미리 헤아리기 어려우니, 경이 임시에 짐작 요량해서 군사를 움직이고, 만일에 적당한 기회를 얻지 못하거든 모름지기 올가을이 아니라도 좋으니, 가히 할 수 있는 계책을 천천히 생각하여 내년 봄에 해도 역시 늦지 않을 것이다."

— 세종 19년 7월 18일

위 내용은 최윤덕의 후임으로 평안도 도절제사로 부임한 이천에게 세종이 여진족 토벌과 관련한 자신의 의견을 제시한 기록이다. 내용을 보면 군의 배치(포치布置)는 좋다고 하면서 자신의 다양한 의견을 상세히 밝히고 있다. 그 내용은 척후병을 보내 적의 상황을 먼저 알아낸 후 오자점, 고음한 또는 오미 지역을 먼저 치라는 것이었다. 거기서 여진족을 잡아 길 안내를 하게 해서 가능한 한 빨리 여진족의 수장 이만주가 있는 곳을 급습하라는 지시였다. 마치 현장에 있는 장수처럼 세종은 자신의 계책을 설명하고 있다. 그는 작전 시기를 대략 8월이나 9월쯤으로 잡으면 어떻겠냐고 제안했다. 지금의 비 오는 추세로 보면 그때쯤이면 비가 그칠 것이라고 자신의 예상을 설명하고 있다. 물론 현지 상황을 잘 아는 이천에게 적당한 기회를 포착하라고 명했고, 만일 시기가 여의치 않으면 내년 봄으로 연기해도 좋다는 단서를 달았다. 세종 19년 7월 19일에도 세종은 이천에게 상세한 전투 지시를 했다.

평안도 도절제사에게 전지하기를, … "지금 범찰이 서울에 와서 유련하고 있는데, 그가 데리고 온 자로서 이름이 고치란 자가 파저강 등지의 일을 잘 알므로, 내가 사람을 시켜서 한담하는 척하였다가 천천히 물으니, 고치가 대답하기를 '만주는 벌써 오미부에 옮겨가 살고 있고, … 오미부에 살고 있다는 말은 동두리불화의 말한 바와 서로 합치되나, 다만 5월에 정탐하던 사람이 계속해서 붙잡혔으므로, 만주 등이 다른 곳으로 옮겨가 살까 걱정된다. 전에 전교에 의하여, 만약에 오자점과 고음한 등지의 적인을 잡아서 정확하게 만주 등이 오미부에 거주하고 있는 것을 알게 되거든, 길을 배나 빨리 가서 급히 공격하여 시기를 놓치지 말도록 하라."

— 세종 19년 7월 19일

위 기록은 세종이 여진족 족장 이만주의 위치를 파악하여 이천에게 급히 급습하라고 지시하는 내용이다. 2차 파저강 토벌의 가장 큰 문제는 이만주가 어디 있는지 모른다는 점이었다. 이만주의 행방을 찾기 위해 첩자를 보냈지만 대부분이 잡히고 한 명만 살아 돌아오는 등 일이 좀처럼 풀리지 않았다. 그런데 이만주의 행방에 대한 정보가 들어왔다. 범찰凡察이라는 여진족이 한양에 체류(유련留連)하고 있었는데, 그와 함께 온 고치古赤라는 자가 이만주가 오미부라는 곳에 거처하고 있다는 말을 했고, 이것은 동두리불화童豆里不花의 말과 일치하니 틀림없다고 세종은 판단했다. 세종은 이천에게 오미부를 급습하라는 명령을 내렸다. 그런데 희한하게도 7월 19일 이천에게 지시한 내용 이후로 실록에는 여진족 토벌에 대한 회의 기록이 없다. 7월 25일이 돼서야 이천에게 군의 기강을 바르게 세워 명령에 불복하는 자는 엄하게 다스리라고 명했다는 내용이 나왔을 뿐이다. 이것만이 아니다. 7월 25일의 명령서에서는 세종의 이상 행동도 포착된다.

> 또 따로 전지를 내리어 서운관에서 군사를 행군시킬 길일을
> 가린 것을 알려주었다.
>
> — 세종 19년 7월 25일

세종이 서운관에서 군사를 행군시킬 길일을 받아 이것을 알려주었다는 것이다. 이는 1차 여진족 토벌에서는 전혀 볼 수 없었던 행

동이다. 7월 25일 이후에는 토벌에 대한 밀도 있는 회의 기록이 없다. 주로 이천에게 지시하는 내용과 이천이 작전을 개시했다는 보고만 기록되어 있다. 요약하자면 2차 토벌 시에는 정교한 작전 회의도 변변히 없었고, 현지 총사령관에게 왕이 일일이 지시했으며, 전쟁의 길일을 점쳐 알려주는 등 세종의 이상 행동이 속출했다는 것이다.

9월 22일, 적 60인을 사살 혹은 생포했다는 승전보가 올라왔다. 약 7,800명이 투입되어 16일간의 소탕전에서 얻은 결과였다. 불행히도 조선군의 토벌을 알아챈 이만주는 생포하지 못했다. 1차 토벌에 투입된 1만 5,000명의 군사력에는 미치지 못했지만 적어도 그 절반의 병력이 투입되었는데, 성과는 1차의 절반 근처에도 미치지 못했다. 1차 토벌에 비해 왜 이렇게 초라한 성과를 거두었을까? 세종이 2차 여진족 토벌을 단순 상황으로 이해했기 때문이다. 1차 토벌에서의 성공 경험이 세종을 자만하게 만들었다. 1차 토벌을 통해 군은 어떻게 소집하고 무기는 어떻게 조달하며 침투는 어떻게 하면 좋을지가 세종의 머릿속에 그려져 있었다. 세종은 자신이 파저강 유역에 대해 누구보다도 잘 알고 있다고 판단했다. 모르는 것은 단지 이만주의 행방뿐이라고 생각했다. 그러다 한양에 와 있는 여진족으로부터 이만주의 행방을 알게 되었다. 사실인지 아닌지에 대한 면밀한 검토도 없이 세종은 이천에게 급습하라는 지시를 내렸다.

하지만 이것은 오판이었다. 이만주도 단단히 준비하고 있었기 때문이다. 1차 때의 뼈저린 경험 이후 이만주는 도처에 조선군의 움직임을 감지하는 장치들을 마련하고 있었다. 똑같은 방식으로 두 번 당하는 바보는 없다. 당연히 2차 토벌에는 1차 토벌 때보다 정교한 전략이 필요했다. 1차 토벌처럼 혼돈 상황은 아니더라도 2차 토벌역시 단순 상황은 아니었다. 적어도 복잡 상황이거나 복합 상황에해당했다. 그런데 세종은 이것을 간과했다. 그렇다고 파저강 2차 토벌이 역사적으로 의미가 없었다는 말은 아니다. 두 차례의 토벌로평안도와 함경남도의 지배권이 크게 강화되었고, 두 번째 토벌로 여진족은 조선군에 대한 두려움을 가지게 되었다. 다만 아쉬운 점은창조적 의사결정의 달인이 이런 실수를 저질렀다는 점이다.

세종의 2차 여진족 정벌이 주는 교훈은 무엇일까? 리더는 현 상황에 대해 100퍼센트에 가까운 확신이 들더라도 상황의 성격 자체를 이해할 때는 절대 자기중심적인 박스 사고에 빠져서는 안 된다는 것이다. 단순 상황인지 복잡 상황인지, 복합 상황 또는 혼란 상황인지를 판단할 때는 반드시 주위 사람, 필요하다면 외부 전문가의생각까지 빌려 자신이 오판하고 있는 것은 아닌지 확인해보는 작업이 필요하다. 이 과정에서 자신과 다른 의견을 가진 사람들을 무시해서는 안 되며, 그들이 왜 그런 생각을 하는지에 대해 성찰해야 한다. 많은 리더들은 이미 자기 생각을 굳혀놓고 자신의 의견에 동조하는 사람들의 의견에만 귀를 여는 습성이 있다. 이런 방식으로 듣고 싶은 말만 듣다 보면 박스 사고만 강화된다. 의사결정 시 상황 판단은 시간이 지나고 보면 쉬운 것처럼 보이지만, 막상 눈앞에 닥쳤을 때는 어려울 때가 많다. 그래서 상황 자체를 판단할 때 주위의 생각을 활용해 생각 위에서 생각하는 과정이 더 필요하다. 세종의 2차 여진족 정벌이 초라한 결과를 가져온 이유도 세종이 생각 위에서 생각하지 않고 자신의 박스 사고에 갇혔기 때문이었다.

9

인재를 보는 눈

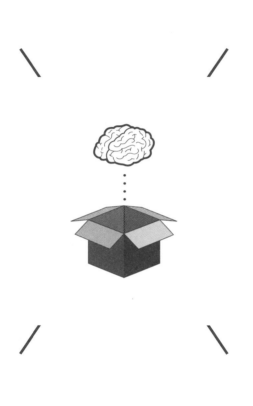

1. 세종은 아랫사람을
어떻게 인식했을까?

생각 위에서 생각하기를 통해 생각을 언박싱하기 위해서는 리더가 조직원을 어떻게 인식하는지가 중요하다. 생각 위에서 생각하기가 안 되는 리더들의 특징은 조직원을 수직적 관점으로만 인식한다는 점이다. 자신의 명령을 성실히 실행해야 하는 사람들로만 보는 것이다. 리더가 생각 위에서 생각하려면 이런 생각부터 버려야 한다. 조직원들을 생각 파트너로 인식할 줄 알아야 한다. 한반도에서 이것을 가장 잘했던 리더 역시 세종이다. 그는 신하들을 하대하거나 막 대하지 않았다. 그는 신하들을 생각의 보고로 인식했다. 이런 그의 태도를 신하들이 몰랐을까? 세종 시대의 신하들 중에는 세종의 아버지 즉, 태종 시대를 경험한 사람이 많았다. 그들은 태종이 신하들을 어떻게 다뤘는지 똑똑히 기억하고 있었다. 세종의 장인 심온이 태종의 명으로 중국 출장을 갔을 때 많은 사람이 모여 배웅했다는 이유로 그가 귀국 후 어떻게 죽임을 당했는지 보았다. 하지만 세종은 달랐다. 신하가 기어오르고 덤벼도 용인해주었다. 신하 스스로 생각해봐도 등골이 오싹한 순간에도 세종은 너그러움을 보였다. 그러니 태종 시대를 기억하는 신하들이 세종에게 얼마나 감사했을까?《세종실록》에 이런 내용들이 잘 기록되어 있다.

세종 14년 5월 3일, 세종이 황희와 이정간에게 궤장几杖을 내린 사건에서 신하들이 세종을 어떻게 대했는지 읽을 수 있다. 궤장이란 임금이 나이가 연로한 신하에게 하사하는 몸을 기댈 수 있는 의자와 지팡이를 말한다. 조선의 신하들은 왕과 회의를 할 때 의자에 앉을 수 없었다. 의자를 사용하는 사람은 오직 왕뿐이었다. 그런데 궤장은 이것을 허락하는 신호였다. 그만큼 귀하게 대접한다는 의미이며, 사직하지 말고 더 일하라는 뜻도 담겨 있다. 두 사람이 세종으로부터 궤장을 받으면서 감사의 글을 썼다.

> **황희:** 착하신 임금께서 때에 순응하여 낳아 기르는 덕화를 크게 펴시니, 어리석은 신하가 때를 만나 비와 이슬 같은 임금의 은혜를 치우치게 입었사오며, 벼슬의 신분이 한계를 넘게 되어 몸 둘 곳을 알지 못하겠습니다. … 지위가 모든 관원의 우두머리에 있으면서 재주는 세상을 건질 만한 능력이

없고, 나이는 70의 높은 연령에 이르러서 병은 금방 죽게 된 몸을 얽어 묶고 있습니다. 그러므로 방자하게 참된 마음의 정성을 진정하여 물러가기를 빌었더니, 도리어 직무에 나아가라고 권면하시는 타이름을 입었습니다. … 검은빛 가죽을 씌운 안석과 비둘기를 새긴 지팡이가 의지하고 기대기에 아주 편안하오며, 붉은 먹으로 쓰신 아름다운 편지에는 소상하게 돌봐주시고 권장하시는 뜻을 보여주셨습니다. … 신이 감히 노둔하고 절름거리는 몸에 힘써 채찍질하여 엷은 정성을 바치기를 기약하지 않겠습니까.

이정간: 미처 뜻하지 못하였던 은총을 입으니, 말을 따라 눈물이 떨어집니다. 엎드려 생각건대, 신은 못나고 우직하여 능력이 적으며, 어리석고 완고하여 취할 것이 없습니다. … 다시 무슨 특이한 마음이 있다고 하여 … 은총을 내리십니까. … 어리둥절함이 꿈속 같아서 삼가 스스로 놀라고 황송해할 뿐입니다. … 비록 뼈가 가루가 되는 지경에 이를지라도 오히려 결초보은하려는 충성심을 가슴에 지니겠나이다.

— 세종 14년 5월 3일

위 두 내용을 살펴보면 황희와 이정간 모두 세종에게 크나큰 감사의 뜻을 전하고 있다. 세종은 황희에게 무한 신뢰를 보냈다. 황희가 70세의 고령이 되어 사직서를 냈지만 세종은 이를 반려하면서 더 일하라는 표식으로 궤장을 내렸다. 평소에도 세종을 깊이 존경했던 황희가 또다시 충성을 맹세한 것이 바로 윗글이다. 이정간의 경우는 태종 시절에 아버지의 힘으로 벼슬길에 올라 태종 5년에 강화부사가 된 인물이다. 세종 시절에는 강원도 관찰사를 끝으로 사임했다. 성격이 온순했으며 효심이 지극하기로 유명했다. 나이 70세에 90세 된 노모를 기쁘게 하려고 색동옷을 입고 춤을 추었을 정도였다. 이를 가상히 여긴 세종이 그를 정2품인 자헌대부 중추원사로 특진시켰고 효행 축하연을 베풀어주었다. 이에 감격해 충성을 맹세한 글이 위의 글이다. 이것만이 아니다. 세종에게는 매우 골치 아픈 신하가 한 명 있었다. 바로 허조다. 허조는 세종에게 반기를 가장 많이 든 신하로, 세종의 의견에 시시콜콜 논리와 명분을 따져 물었다. 세종조차도 허조를 고집불통으로 인식했다. 허조는 세종보다 28살이나 나이가 많았다. 하지만 세종과 국가에 대한 그의 충성심은 여느 신하 못지않았다. 다음은 세종이 허조에게 궤장을 내렸을 때 허조가 한 말이다.

"놀라고 황송하여 몸 둘 바를 모르겠사오며, 감격함을 마음에 새김이 더욱 깊사옵니다. 엎드려 생각건대, … 작은 수고로움도 힘쓰지 못함을 항상 부끄러워하옵거늘, 어찌 외람되게 특별한 은혜를 받자옴이 마땅하겠습니까. 특별히 … 궤장을 하사하여 어여삐 여기시니, … 이는 대개 주상 전하께서 지극한 어지심으로 아울러 기르시고, 크신 도량으로 함께 용납하여 만물로 하여금 각각 그 삶을 이루게 하사, 한 사람이라도 그 은택을 입지 아니한 이가 없음을 만나, 노둔한 자로 크신 은혜를 입게 한 것이옵니다. 신은 삼가 마땅히 쇠잔한 몸을 보호하여 넓은 은혜를 길이 보답하겠사오며, 더욱 만절을 굳게 지켜서 높으신 수명을 갑절이나 축원하옵니다."

— 세종 21년 5월 26일

궤장을 받으니 너무 황송해서 몸 둘 바를 모르겠으며 더욱 충성을 다할 것이고, 세종의 만수무강을 빈다는 내용이다. 이 말은 진심이었다. 세종과 함께 일한 많은 신하들이 이런 마음을 가지고 있었다.

2. 세종은 아랫사람을
어떻게 변화시켰을까?

세종은 어떻게 자기보다 나이 많은 신하까지 변화시킬 수 있었을까? 그 비법은 세 가지였다.

신하들에게 신뢰 보여주기

세종은 신하들에게 무한 신뢰를 보여주었다. 막 왕위에 오른 세종이 다른 왕들과 달리 일체 하지 않은 것이 있다. 바로 정치적 보복이다. 대표적인 대상이 황희다. 앞서 이야기했던 것처럼 그는 원래 세종의 정치적 적이었다. 황희는 세종이 형 양녕과 후계자 경쟁을 벌일 때 양녕 편을 들었다. 이로 인해 태종은 그를 귀양 보내기까지 했다. 그리고 그의 젊은 시절 행실은 그리 곱지 못했다. 간통을 한 적이 있었고 대사헌 시절에는 황금을 받아 챙긴 일이 발각돼 황금 대사헌이라는 별명도 얻었다. 사위의 살인을 은폐하려다 발각된 적도 있었다. 세종은 이런 사람을 감싸 안아 역사적 인물로 만들었고, 황희는 세종을 평생의 은인으로 모셨다.

신하들을 파트너로 인식하기

세종은 신하들을 철저히 파트너로 생각했다. 이것을 상징적으로 보여주는 기록이 있다.

> "내가 인물을 잘 알지 못하니, 좌의정, 우의정과 이조, 병조
> 의 당상관과 함께 의논하여 벼슬을 제수하려고 한다."
>
> — 세종 즉위년 8월 12일

이 말은 세종이 즉위한 지 이틀째에 신하들에게 처음으로 한 말이었다. 세종이 신하들의 면면을 모두 알 수는 없었을지 모르지만 자신이 믿는 몇몇 신하들과 함께 얼마든지 관직을 제수할 수 있었다. 하지만 세종은 아무것도 모르는 척 신하들과 의논해 벼슬을 내리겠다고 했다. 이것은 신하들을 자신의 파트너로 택한다는 선언이나 마찬가지였다.

신하들을 배려하기

세종은 신하들의 반대 의견이나 심지어 책망까지도 배려로 감싸
안았다. 그렇게 한 대표적인 인물이 허조다. 허조가 죽음을 앞두고
남긴 말이 있다.

> "태평한 시대에 나서 태평한 세상에 죽으니, 천지간에 굽어
> 보고 쳐다보아도 호연히 홀로 부끄러운 것이 없다. 이것은
> 내 손자의 미칠 바가 아니다. 내 나이 70이 지났고, 지위가
> 상상에 이르렀으며, 성상의 은총을 만나, 간하면 행하시고
> 말하면 들어주시었으니, 죽어도 유한이 없다."
>
> — 세종 21년 12월 28일

허조는 정말 좋은 시절에 태어나 흔들리지 않는 바른 마음(호연浩
然)으로 부끄러움 없이 살았음을 고백하고 있다. 이제 나이가 70세
에 이르러 좌의정(상상上相)의 지위까지 도달해 여한도 없었다. 가장
고마운 것은 자신이 세종(성상聖上)에게 잘못된 것을 지적(간諫)해도
책망이나 벌은커녕 다 들어준 것이라고 말했다. 그래서 이제 죽어
도 여한이 없다는 것이다. 허조도 자신이 왕에게 얼마나 대들었는
지 잘 알고 있었다. 그때마다 세종이 자신의 말을 들어주었다는 것
에 그는 깊은 감사를 느꼈다.

3. 세종의 인재관

리더가 조직원을 활용해 생각 위에서 생각할 수 있으려면 생각을 제공하는 사람들에 대한 인식을 달리해야 한다. 돈과 지위를 주니 당연히 자신에게 순응해야 하는 사람들로 인식하면 곤란하다. 리더는 사용 가능한 많은 자원을 가지고 있어야 한다. 그 자원들 가운데 가장 중요한 것이 생각 자원이다. 이것이 있어야 세상을 크게 보고 새로운 세계로 나아갈 수 있다. 이것이 있어야 창조적 의사결정을 할 수 있다. 이것이 있어야 위기 상황에서 탈출할 수 있다. 리더는 누가 자신의 생각 자원이 될 수 있는지를 면밀히 살펴야 한다. 자칫 잘못했다가는 자신을 구렁텅이로 몰아가는 사람들에게 둘러싸여 오판의 길을 걸을 수 있기 때문이다. 세종은 이런 사람들을 구별하기 위해 끊임없이 관찰했다. 《논어》위정為政편에 다음과 같은 말이 나온다.

'子曰 視其所以 觀其所由 察其所安 人焉廋哉 자왈 시기소이 관기소유 찰기소안 인언수재.'

: 공자께서 말씀하시길 그 행동을 보고, 그 이유를 살피며, 그 동기를 관찰하면 그 사람됨이 어찌 숨겨지겠는가?

세종은 공자의 말대로 주위 사람들을 살폈다. 그리고 믿음이 생기면 이들을 파트너로 인식하고 이들의 생각을 과감히 빌려 썼다. 이렇게 발탁된 대표적인 인물이 황희다. 세종은 자신과 같은 의견을 가진 사람들만 생각 자원으로 편입하지 않았다. 반대 입장에 서는 사람들도 매우 중요하게 생각했다. 허조가 그런 사람이다. 앞서 말했듯이 그는 세종이 무슨 말만 하면 명분에 문제가 있다고 대들던 사람이었다. 하지만 세종은 허조를 귀하게 썼다. 허조가 반대하면 자신을 되돌아보았다. 그리고 세종은 새로운 길을 모색하는 데 주저하지 않았다.

그런데 《세종실록》을 살펴보면 세종이 매우 희한한 사람들을 발탁해 사용한 경우가 종종 있다. 그는 당시의 시각에서 보아도 납득이 되지 않는 사람을 중용하곤 했다. 세종은 도대체 누구를 인재로 생각했고 어떤 방식으로 판단했을까? 세종이 인재를 보는 시각은 매우 독특했다. 인재란 일반적으로 특이한 역량을 가진 사람을 말한다. 세종도 그렇게 생각했지만 한 가지 차이점이 있었다. 평범한 리더들은 단점이 있는 사람들을 인재풀에서 우선 제외한다. 하지만 세종은 일단 모든 사람을 잠재적인 인재로 보았다. 그리고 이들이 어떤 장단점을 가졌는지 살피면서 장점을 활용할 기회를 찾으려고 했다.

> "대저 사람에게는 한 가지 능한 것이 있는 법이다. 익평 부원군은 성질이 원래 광망한 데다 별로 재덕도 없었으나, 근실하기로 이름을 얻었고, 변처후는 비록 재주와 인망은 없었으나, 관직에 있으면서 부지런하고 근신하였으니, 이것이 취할 만한 것이다."
>
> — 세종 26년 5월 20일

위 기록에서 세종은 모든 사람은 장단점을 가지고 있다고 전제하면서 두 사람을 예로 들었다. 익평 부원군은 성질이 미친 사람(광망狂妄) 같고 재주와 덕행(재덕才德)도 없지만 근면함(근실勤實)은 최고였고, 변처후는 변변한 재주도 없고 인덕도 없지만 부지런하고 근면하다는 장점이 있다고 했다. 세종은 이렇게 말하면서 자신이 사람의 단점을 보지 않고 장점을 보고 일한다는 속내를 비쳤다. 세종에게 장점을 판단하는 기준은 무엇이었을까? 그것은 '그 일에 맞는가'였다. 일에 적합한 장점이 있다면 비록 단점이 있어도 그 사람을 써야 한다는 말이다. 이런 그의 생각이 극단적으로 나타난 예가 조말생이다. 그는 태종 시대와 세종 시대에 걸쳐 권력을 이용해 뇌물을 받아 챙긴 부패한 인물의 선두주자였다. 비리의 시작은 태종 시절 승정원 형방승지를 할 때부터였다. 승정원은 왕의 명령을 관리하는 비서실로 큰 권력을 가진 곳이다. 이곳에서 법무를 관장하던 수장이 형방승지다. 당시 김도련이라는 사람이 친구 김생의 노비와 재산을 갈취할 목적으로 사기 소송을 벌였는데, 이때 조말생이 김도련을 도와주고 대가를 챙겼다. 잘 넘어간 것 같았던 이 사건이 세종 4년(1422년)에 다시 불거졌다. 억울함을 참지 못한 김생의 손자 김득경이 김도련을 고소했기 때문이다. 당시 병조판서였던 조말생이 관련자들을 매수해 고소 사건을 무마하고 나섰고, 그 대가로 노비 36명을 챙겼다. 이 사건이 사헌부에 포착돼 세종 8년(1426년), 조말생의 비리가 드러났다. 조사를 하다 보니 자신의 지위를 이용해 매관매직을 하면서 땅, 노비, 은, 비단 등의 뇌물을 받았던 사건들도 드러났다. 챙긴 뇌물을 돈으로 환산하니 총 780관이었다. 1관은 당시 화폐인 조선통보로 10냥을 칭하는 것이다. 조선통보는 엽전(동전)을 기본으로 하는데, 엽전 100개를 고리에 걸어 돈꿰미를 만든 것을 1냥이라고 한다. 따라서 1관은 엽전 100개를 엮은 꾸러미 10

개, 즉 엽전 1,000개를 말한다. 세종 시절의 기록을 보면 최상급의 말 한 마리 가격이 45관이었다. 그러니 780관은 말 약 17마리에 해당하는 금액이다.[46] 오늘날 경주에서 뛰는 상급에서 최상급 말 한 필 가격이 대략 1~2억 원 정도라고 하니 17~34억 원에 이르는 부패 사건이 터진 것이다. 세종 시대의 형법상 80관 이상의 뇌물을 받은 자는 사형에 처하게 되어 있었다. 그런데 놀랍게도 세종은 유배형으로 사건을 종결했다. 그리고 2년 후 조말생을 다시 불러들여 함경도 관찰사로 부임시켰다. 당연히 신하들이 들고일어나 반대했다. 하지만 세종의 이런 행동에는 이유가 있었다. 평안도와 함경도의 여진족이 문제를 일으키자 이들을 안정적으로 관리할 필요가 생긴 것이다. 세종은 이 일에 조말생이 가장 적합하다고 판단했다. 조말생을 적임자로 본 이유를 세종은 다음과 같이 밝히고 있다.

> "(조말생)은 두여회의 결단성과 방현령의 지모로서 족히 만변에 수응하고, 자로의 과감성과 자공의 달변으로 100가지 일을 능히 전제하였도다."
>
> —세종 21년 5월 25일

윗글을 보면, 세종은 조말생이 당나라의 명재상 두여회杜如晦의 결단력과, 당나라 재상인 방현령房玄齡의 지략, 그리고 임기응변력(만변萬變)을 가지고 있고(수응酬應), 공자의 제자인 자로의 과감성과 자공子貢의 언변(달변達辯)을 가졌다고 판단했다. 다시 말해 까다로운 여진족을 때로는 어르고 때로는 뺨 때리면서 다루는 능수능란한 능력이 있다고 여긴 것이다. 세종은 근엄한 표정으로 무게 잡으며 가르치려는 방식으로는 여진족을 다루기 어렵다고 생각했다. 때로는 공갈과 협박도 하고, 때로는 술잔을 기울이며 말로 달래기도 하는 능력이 있어야 하는데, 이런 복합적인 능력으로 볼 때 조말생이 여진족을 제압할 적임자라고 판단했다.

세종이 조말생을 평한 것을 보면 그가 사람을 보는 방식을 알 수 있다. 그는 단순히 한 개인이 가지고 있는 어떤 특징으로 사람을 이해하지 않았다. 누구누구와 비견되는 특징을 가지고 있다고 구체적으로 생각했다. 이것의 장점은 비교 대상을 통해 그 사람의 행동을 예측할 수 있다는 것이다. 자로는 공자가 "내가 자로와 같이 다니면서 나를 험담하는 사람이 줄었다"고 말할 정도로 주위를 제압하는 능력을 가지고 있었다. 공자의 또 다른 제자 자공은 언변이 뛰어나 정치적 수완이 매우 좋았다. 이런 특징들이 조말생에게 있다고 판단한 세종은 그라면 여진족을 때로는 힘으로, 때로는 말로 제압할 수 있다고 판단했다.

그래도 그렇지 어떻게 천하의 부패 관료를 쓸 수 있단 말인가? 세종의 생각 목적에 그 단서가 있다. 국가를 최상위에 두는 그의 생각 목적이 사람을 보는 눈을 넓혀주었기 때문이다. 사람을 쓰는 방식에 있어서 두 가지 유형의 리더가 있다.

- 사람의 단점을 보는 유형
- 사람의 장점을 보는 유형

이 차이는 리더의 사람 됨됨이를 보여주는 것이 아니다. 위 두 유형의 차이는 인재를 보는 방식에 있다. 첫 번째는 사람을 먼저 생각하고 일을 생각하는 유형이다. 두 번째는 일을 먼저 생각하고 사람을 살피는 유형이다. 문제는 쓰려고 하는 사람에게 단점이 있을 때다. 첫 번째 유형의 리더는 사람을 먼저 보기 때문에 일단 단점이 눈에 띄면 그 사람이 직무에 있어 어떤 장점을 가졌는지에 상관없이 일단 선택지에서 제외한다. 두 번째 유형은 일에 필요한 요건을 먼저 살펴보고, 여기에 맞는 장점을 누가 가지고 있는지 생각해본다. 그리고 그의 단점에 대해서는 어떻게 할지 고민하는 유형이다. 세종은 두 번째 유형의 리더였다. 그는 여진족 관리라는 국가적으로 중대한 일 앞에서 그것에 필요한 장점을 가진 조말생을 생각했다. 하지만 조말생은 엄청난 단점이 있는 사람이었다. 세종은 조말생의 장점을 사용하여 얻을 실익과 단점으로 인해 발생할 손실을 비교했고, 실익이 더 크다고 판단했다. 그는 자신의 판단을 다음과 같이 표현했다.

> 임금이 말하기를 "그대들은 법으로서 말했지만, 나는 권도
> 로서 행한 것이다."
>
> — 세종 14년 12월 17일

신하들이 다시 조말생의 일을 거론하면서 그를 파면하라고 요청
했다. 그러자 세종이 너희들은 법의 시각에서만 보지만, 나는 국가
대사와 관련한 상황에 따라 나에게 주어진 힘(권도權道)으로 일을 처
리했다고 말한다. 법의 시각에서 보면 내쳐야 하는 사람이지만, 자
신은 국가적 시각에서 보고 다른 판단을 했다는 말이다. 이런 결론
에 이르게 된 것은 그의 생각 목적이 신하들과 달랐기 때문이었다.
조말생은 세종의 기대에 부응해 함경도 일대의 안정을 찾는 데 크
게 기여했다. 특히 파저강 토벌 시 조말생의 역할은 매우 중요했다.
당시 평안도 지역 여진족과 함경도 지역 여진족은 연합 세력이 아니
었다. 하지만 함경도 여진족이 방해했다면 평안도 지역의 여진족 토
벌은 물론이고 4군 개척도 쉽지 않았을 것이다. 조말생은 이런 일이
일어나지 않도록 함경도 여진족을 성공적으로 관리했다. 이것이 바
탕이 되어 세종은 이만주 일당을 토벌하고 평안도에 4군을 설치할
수 있었고, 이후 함경도에 6진을 개척할 수 있었다. 하지만 세종은

조말생의 바람에도 불구하고 그에게 정승(영의정, 좌의정, 우의정)의 자리를 허락하지 않았다. 그 자리에 조말생이 적합하지 않다고 생각한 것이다. 세종은 이렇게 자리에 필요한 요건에 맞게 사람을 등용했다.

조말생의 일화를 통해서 하고자 하는 말은 능력이 있다면 범죄자라도 써야 한다는 것이 아니다. 이는 세종 시대의 극단적인 예로, 현재 상황에 맞게 적용해야 한다. 사람은 모두 단점을 가지고 있다. 리더는 단점보다는 장점에 초점을 맞춰 사람을 적재적소에 배치해, 조직 전체의 이익을 도모해야 한다.

10

리더 세종 다시 보기

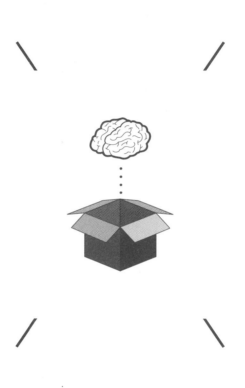

1. 오나라 부차와 세종의 차이

역사는 리더의 잘못으로 국가가 붕괴하는 예를 많이 보여준다. 어떻게 이런 일이 일어날까? 이를 알기 위해 중국 춘추전국시대의 오나라와 월나라 이야기를 해보려고 한다. 오나라는 중국 전국시대에 막강한 국가 중 하나였다. 오나라가 강해진 이유는 손자로 알려진 손무孫武와 오자서伍子胥라는 사람 때문이었다. 손무는 《손자병법孫子兵法》을 쓴 사람으로 알려져 있다.[47] 손무는 제나라 사람이었고 오자서는 초나라 사람이었지만 두 사람 모두 자기 나라에서 변란을 겪으면서 오나라로 도망가 고위 관리가 된 인물이었다. 이 두 사람이 있어 오나라는 춘추전국시대 최강국이 될 수 있었다. 오나라는 이들에게 의지해 원수처럼 지내던 월나라를 정복했다. 월나라 왕 구천勾踐은 오나라 왕 부차夫差에게 끌려가 치욕적인 일을 겪었다. 모진 고생 끝에 간신히 월나라로 돌아간 구천은 치욕을 잊지 않기 위해 와신상담臥薪嘗膽, 즉 곰의 쓸개를 맛보고 장작 위에서 자면서 재기해 결국 오나라를 정복했다.

오나라가 망하는 과정에서 눈여겨봐야 하는 사람이 하나 있다. 백비伯嚭라는 인물이다. 지금으로 보면 대통령 비서실장직에 있던 사람이다. 그는 오자서와 같은 초나라 출신으로 오자서가 추천해 등용된 인물이었다. 그런데 백비와 오자서의 성향은 정반대였다. 오자서가 바른말을 하는 사람인 데 반해 백비는 부차의 기분을 맞추며 입속의 혀처럼 굴었다. 오나라가 주변국과 전쟁을 치를 때 부차는 오자서의 말에 귀 기울였다. 하지만 오나라의 국력이 세지고 경쟁국인 월나라마저도 정복하자 부차는 오자서를 멀리하기 시작했다. 그가 하는 쓴소리가 듣기 싫어졌기 때문이다. 부차는 백비에게 의존하기 시작했다. 백비는 부차가 듣고 싶은 말을 기가 막히게 잘 알았고 원하는 것을 해주는 재주가 있었다. 그러다 보니 오자서와 백비 사이에 강한 긴장감이 흘렀다. 공식 석상에서도 충돌하는 횟수가 잦아졌다. 백비는 상황이 자신에게 유리하게 돌아가고 있음을 알았고, 이를 이용해 오자서를 제거할 계획을 세우기 시작했다. 이러던 차에 월나라로 간신히 살아 돌아간 구천이 계교를 냈다. 그는 서시西施라는 미녀를 오나라 왕 부차에게 보냈다. 이것이 계교인지 모른 부차는 그녀를 받아들였고 그 미색에 빠졌다. 서시 간첩 사건이 가능했던 이유는 백비가 중간에 서 있었기 때문이다. 막대한 뇌물을 받은 백비는 서시가 궁에 성공적으로 안착하는 것을 도왔다. 이후 백비와 서시는 오자서를 제거하는 데 뜻을 같이했다. 결국 오자서는 두 사람의 간계에 빠져 부차로부터 자살하라는 명령을 받았다. 이때 손무는 없었다. 그는 월나라와의 전쟁에서 승리한 것을 끝으로 오나라를 홀연히 떠나 초야에 묻혀 살았다. 손무도 없고 오자서마저 사망하자 오나라는 흔들리기 시작했다. 백비는 부차에게 잘못된 달콤한 정보만을 제공했고, 서시는 부차가 국정 운영에 집중하는 것을 방해했다. 손무와 오자서의 도움으로 춘추전국시대의 최강자가 되었던 오나라는 급격히 쇠락했다. 이때 월나라 구천은 기회가 오고 있음을 알았다. 서시와 내통한 월나라가 오나라를 쳤고, 그렇게 오나라는 사라졌다. 사실 오나라가 망한 진짜 이유는 백비나 서시 때문이 아니었다. 자신을 돌아보게 만들어주는 사람들로부터 부차 스스로 멀어진 것이 원인이었다. 그는 부정적이거나 쓴 정보를 제공하는 사람들을 싫어했고, 자신에게 달콤한 이야기를 하는 사람들만을 주위에 두었다. 그리고 자신의 머리에만 의존해 모든 정보를 해석했다. 백비와 서시는 그런 부차에게 잘못된 정보를 입력시켰고, 그렇게 부차는 무너져갔다.

최고의 지위에 올라가면 웬만한 리더는 변하게 된다. 오나라 부차도 나라가 어려운 시기에는 오자서의 쓴소리에 귀 기울였지만,

나라가 안정기에 들자 그를 내치고 듣기 좋은 말만 하는 백비를 곁에 두었다. 상황이 어려울 때는 자기 생각을 내려놓는 언박싱을 하면서, 반대로 자신의 위치가 공고해지면 자기 생각을 포장으로 단단히 싸매는 박싱을 하는 것이다. 세종은 부차와 무엇이 달랐을까?

> 임금이 대언 등에게 이르기를 "대체로 남의 윗자리에 있는 사람은 누구나 질박하고 정직한 사람을 좋아하는데, 지금 진립을 보건대 사람 된 품이 순박하고 정직하기 때문에, 황제가 그를 친애하는 것이다. 신하로서 아첨하는 사람은 가장 미워해야 할 것이니라. 경 등은 이를 경계하라."
>
> ─ 세종 12년 2월 2일

이 기록은 세종이 사람을 보는 시각을 알려준다. 세종은 진정한 인재의 예로 명나라 사신 진립眞立을 들었다. 세종은 진립이 매우 순박하고 정직한 사람이어서 황제가 그를 친애한다고 말했다. 대체로 순박하고 정직한 사람은 아첨하는 말에 익숙하지 못하다. 세종은 자기도 진립 같은 사람을 좋아하고, 아첨하는 사람을 가장 미워한다고 못 박았다. 세종의 이 말은 행동으로 이어졌다. 그는 신하들에게 끊임없이 간언 즉, 자신에게 솔직히 이야기할 것을 주문했다. 세종의 진심이 어디에 있는지 모르던 시절, 신하들은 간언하기를 주저했다. 하지만 그의 진짜 뜻을 알자 신하들이 입을 열기 시작했다. 덕분에 세종은 간언을 넘어 모욕에 가까운 공격을 받기도 했다. 대표적인 것이 훈민정음 창제와 관련한 최만리의 공격과, 육기제로 맞붙었던 고약해의 도전이었다. 하지만 세종은 이것을 공격으로 받아들이지 않았고 생각이 다를 뿐이라고 여겼다. 다만 최만리의 경우 그의 말하는 태도에는 문제가 있다고 생각했기 때문에 상징적인 의미로 하루 동안만 옥에 가두었다. 고약해도 도를 넘은 무례 때문에 귀양을 보내는 벌을 주기는 했지만 곧 복직시키고 더 높은 직책을 주었다. 이들이 부차의 신하였다면 사형을 면치 못했을 것이다.

2. 세종과 선조의 차이

조선 역사에서 가장 비교되는 인물이 세종과 선조다. 한 사람은 조선을 세계 최고의 반열에 올려놓은 사람이고 한 사람은 조선을 전쟁의 화마 속에서 헤어나지 못하게 만든 인물이다. 왜 이런 차이가 났을까? 요약하면 다음과 같다.

- **세종:** 신하들의 다양한 생각이 자신의 생각 박스에 부딪히게 만들어 창조적 의사결정에 성공한 리더
- **선조:** 자신의 좁은 박스 사고에 갇혀 창조적 의사결정에 실패한 리더

두 리더가 동일한 사안에 대해 어떤 태도를 보였는지 살펴보면

그 차이가 확연히 드러난다. 다음의 기록은 국방과 관련한 세종의
생각을 보여준다.

> 권진이 아뢰기를 "각 도의 성을 쌓는 데 인부를 내게 하되,
> 전지 1, 2결을 가진 집은 1, 2인을 내게 하고, 3, 4결을 가진
> 집은 2, 3인을 내게 하매, 백성들이 매우 괴롭게 여기오니,
> 바라옵건대, 그 수효를 감하게 하소서" 하니, 임금이 말하기
> 를 "사람들은 모두가 말하기를 '승평한 세상에서 어찌하여
> 성을 쌓기에 급급히 구는가.' 하지만 나는 그렇지 않다고 생
> 각한다. 편안한 때일수록 늘 위태로운 것을 잊지 않고 경계
> 함은 나라를 위하는 도리이니, 어찌 도적이 침범하여 들어
> 온 후에야 성을 쌓는다는 이치가 있겠느냐. 성을 쌓는다는
> 일은 늦출 수 없는 것이다. 그러나 경작하는 농토의 많고 적
> 음에 따라 군정을 내게 하는 것은 이미 국령으로 정해져 있
> 거니와, 그것이 과연 경의 말과 같다면 너무 지나친 것이니,
> 병조로 하여금 전의 수교를 상고하게 하여, 거듭 밝혀서 시
> 행케 하라."
>
> — 세종 14년 10월 10일

세종 14년, 세종은 각 도에 성을 쌓으라고 지시했다. 이를 위해서

는 인부들이 필요했고, 이때의 법은 소유한 땅의 넓이에 따라 인부들을 차출하도록 되어 있었다. 그러자 우의정 권진이 승평昇平한 세상 즉, 평화 시절에 전쟁 준비에 필요한 성을 쌓는 데 너무 많은 인부들이 차출되고 있으니 수를 줄여달라고 했다. 그러자 세종은 국방을 항상 튼튼히 하고 준비를 해두어야지, 지금 평화롭다고 앞으로도 전쟁이 일어나지 않는 것은 아니라고 일침을 놓았다. 그러면서 자신이 명령한 것(수교受教)을 다시 한번 살펴보되 시행은 늦추지 말라고 일렀다. 시절이 평화로우면 사람들은 그런 평화가 지속될 거라고 착각한다. 그러다 보면 성을 쌓는 일과 같은 것은 할 필요가 없다고 착각하게 된다. 이것을 기준점 편향anchoring bias이라고 한다. 마음의 기준점인 닻을 어디에 두느냐에 대한 생각 편향이다. 대체로 사람들은 지금 당장 일어나고 있는 일을 기준점으로 잡는 성향이 있다. 그러다 보면 멀리 보는 눈을 잃게 된다. 세종은 어떤 시기에도 국가 방어를 게을리해서는 안 된다는 기준점을 가지고 있었다.

선조는 이런 점에서 세종과 비교된다. 임진왜란이 일어나기 전 선조도 일본의 침략 가능성을 감지했다. 그는 전쟁에 대비하기 위해 유능한 장수를 추천받아 임용했다. 이때 발탁된 사람이 이순신이었다. 그는 정읍현감으로 종6품의 직위에 있었다. 현감은 조선의 최하위 지방 행정 단위인 현의 수령으로, 지방 수령 중 가장 낮은 직급에 속한다. 그런 그가 정3품 당상관인 전라좌도 수군절도사로 7단계를 뛰어 발탁된 것이다. 임진왜란이 터지기 1년 2개월 전인 1591년 2월의 일이다. 부제학 김성일 등이 너무 파격적인 인사라고 반대했지만 선조는 강행했다. 선조는 무기를 정비하고 무너진 성을 개축하라는 지시도 했다. 이 기록이 《징비록懲毖錄》에 남아 있다.

> 왜의 침략을 우려한 조정이, … 병기를 갖추고 성과 해자를 손보게 하였으니 경상도에 가장 많이 쌓았는데….[48]

여기까지는 좋았다. 이후 선조의 마음을 흔드는 일이 벌어졌다. 성을 보수하는 과정에서 관료들과 백성들이 저항을 했다. 평화 시기에 왜 쓸데없이 성을 보수해서 백성을 괴롭히냐는 것이었다. 류성룡의 《징비록》에는 전임 성균관전적(정6품) 이로가 류성룡에게 "성을 쌓는 것이 계책이 아니다", "앞에 정암진(경남 합천, 정진 나루터)이 가로막고 있으니 왜적이 이를 날아서 건널 수 있겠는가. 왜 쓸데 없이 성을 쌓아 백성들을 고단하게 하는가"라는 내용의 편지를 보내왔다고 기록하고 있다. 홍문관도 비슷한 의견을 냈다.[49] 그러자 선조는 성 보수 명령을 거두어들였다.

선조가 이런 행동을 보인 이유는 세 가지다. 첫째, 조선은 건국 후 변방에서의 전투는 있었지만 대규모 전쟁을 치러보지 않은 채 200여 년에 걸친 평화 시기를 누렸다. 둘째, 1583년 여진족 니탕개

尼蕩介가 반란을 일으켜 경원부가 함락되었지만 이를 성공적으로 진압했다. 또한 1587년에는 니응개尼應介가 이끄는 여진족을 이순신과 이경록이 격퇴한 경험이 있었다. 이런 성공 경험으로 선조는 일본군이 쳐들어와도 방어할 수 있다고 보았다. 셋째, 선조는 일본군을 얕잡아보았다. 그저 여진족과 같은 오랑캐 수준의 국가일 것이라고 막연히 생각했다. 조선의 해안선에 침투해 난장판을 벌이는 정도는 할 수 있겠지만 대규모 병력으로 전쟁을 일으킬 수준은 아니며, 또 쳐들어온다 해도 조선 내륙까지 치고 들어오는 전면전은 불가능할 거라고 여겼다.

선조의 이런 오판은 일본에 대한 정보 부족 때문이었다. 그는 일본의 실상에 대해 알려고도 하지 않았다. 일본의 움직임이 심상치 않자 몸이 단 사람이 있었다. 대마도주였다. 그는 조선과 일본 모두로부터 관직을 받았다. 이런 양다리 전략으로 양국에서 이득을 취하고 있었는데, 일본이 전쟁을 일으키면 이 모든 것을 빼앗길 위기에 처한 것이다. 그는 조선에게 일본의 정보를 흘렸다. 임진왜란이 일어나기 2년 전인 1590년, 대마도주는 일본이 군대를 정비하고 새로운 무기를 보급하고 있다는 징표로 조선에 조총 몇 점을 보냈다. 하지만 선조는 이에 관심을 갖지 않았다. 화포라는 막강한 무기 체계를 가지고 있던 조선에게 개인용 화기는 관심을 얻지 못했다. 조선은 조총의 위력을 임진왜란이 일어나고 나서야 알았다. 도요토미

히데요시豐臣秀吉는 대마도주를 노골적으로 위협했다. 조선이 자신에게 복속한다는 징표를 가져오라고 한 것이다. 이런 협박을 이기지 못한 대마도주는 조선에게 통신사를 파견할 것을 끈질기게 요청했다. 조선이 복속한다는 징표로 삼기 위해서였다. 이런 대마도주의 이중적 행동을 알지 못했던 조선은 이에 대해 까다로운 조건을 달았다. 전남 진도군 출신으로 왜구에 가담해 노략질하던 사을화동沙乙火同을 보내주면 통신사 파견을 고려해보겠다고 한 것이다. 대마도주는 사을화동뿐만 아니라 왜구에게 잡혀갔던 조선인들까지 송환하도록 조치했다. 여기에 더해 류성룡과 이덕형이 일본의 상황을 알 필요가 있다고 주장한 것이 설득력을 얻으며 선조는 일본에 통신사 파견을 결정했다. 하지만 일본을 알기 위한 정탐은 이것으로 끝이었고, 불행히도 통신사 정보마저 부정확했다.

세종은 달랐다. 세종은 4군 개척 당시 적진에 스파이를 끊임없이 침투시켜 여진족에 대한 정보를 얻었다. 그는 여기에서 그치지 않고 조선을 괴롭히는 일본에 대해서도 정확히 알고 싶어 했다. 때마침 일본으로 가는 통신사가 결성되었고, 세종은 신숙주에게도 동행할 것을 부탁했다. 당시만 해도 일본으로 가는 뱃길은 목숨을 걸어야 하는 험난한 길이었다. 신숙주는 병에서 회복된 지 얼마 되지도 않은 상태였다. 그런데도 세종은 신숙주의 눈을 통해 일본을 정확하게 알고 싶었다. 세종 25년(1443년), 신숙주는 통신사의 서장관으로 일본에 건너갔다. 그가 통신사로 다녀온 후 보고서를 제출했는데, 이것이 《해동제국기海東諸國紀》다. 성종 2년(1471년)에 출판된 《해동제국기》에는 일본 본토에 대한 정보뿐만 아니라 오늘날 오키나와로 알려진 유구국琉球國에 대한 정보가 상세히 담겨 있다. 이후 조선은 일본에 대해 이 정도로 상세한 정보를 거의 얻지 못했다.

3. 세종은 항상
생각 위에서 생각하는 데 집중했을까?

세종은 다른 사람들의 생각을 활용해 생각 위에서 생각하기를 거듭하는 것이 국가를 얼마나 창조적이고 건강하게 만드는지 명백히 보여준 리더다. 하지만 실록에는 오해를 불러일으킬 만한 기록이 남아 있다.

> "내가 여러 가지 일에 있어서 여러 사람의 의논을 좇지 않고,
> 대의를 가지고 강행하는 적이 자못 많다. 수령육기나 양계
> 축성과 행직, 수직과 자급에 따르는 등의 일은 남들은 다 불
> 가하다고 하는 것을 내가 홀로 여러 사람의 논의를 배제하
> 고 이를 행하였다."
>
> — 세종 26년 윤7월 23일

세종이 남의 말을 따르지 않고 의사결정을 한 경우도 많았다고 회고한 대목이다. 특히 고을 수령의 임기를 60개월로 하는 수령육기제를 고집한 것이나, 여진족의 침입에 대비해 어려움 속에서도 평안도와 함경도에 성을 쌓은 일(양계축성兩界築城), 그리고 행직行職, 즉 품계에 비해 낮은 관직을 내리는 경우와 수직守職, 즉 품계에 비해 높은 관직을 주는 경우와 같이 신하들의 반대가 심한 경우에도 자신이 고집을 부린 경우가 있다고 회상하고 있다. 자급資級이란 지금으로 말하면 일종의 호봉이다. 이것을 조정할 때도 신하들의 반대가 있었지만 자신이 고집을 부린 경우가 있었다는 것이다.

하지만 이것을 보고 세종이 생각 위에서 생각하기에 종종 소홀했던 것으로 받아들이면 곤란하다. 위의 예들은 세종이 집단 매몰 사고에 휘둘리지 않았다는 의미로 받아들여야 한다. 세종이 의사결정을 하는 방식은 다수결이 아니었다. 그는 여러 사람의 의견을 들어보면서 그중 문제 해결의 핵심에 가장 근접한 생각을 취사선택해서 받아들였다. 수령육기제가 그런 예로, 이는 세종이 제안해 만든 제도가 아니다. 세종 5년, 이조판서 허조가 기존의 삼기제의 문제, 즉 임기가 30개월로 너무 짧아 전문성을 기를 수도 없고 보직을 받고 준비만 하다 직을 떠나는 폐단을 지적하며 육기제 도입을 주장했다(세종 5년 6월 25일). 이것을 세종이 받아들인 것이다. 이후 많은 신하들이 삼기제로 복원하자고 주장했지만 세종은 육기제를 고집했다.

엄밀히 말하면 수령육기제 역시 주위 사람들의 생각을 자기 생각과 결합한 사례다. 다만 이 경우 육기제에 찬성한 사람은 소수고 반대하는 신하들이 많았다. 그런데도 세종은 폐지를 거부했다. 그의 목적 함수는 신하들의 안녕이 아니라 국가의 안녕이었다. 그가 육기제를 고집한 또 다른 이유가 있었다. 삼기제를 강력하게 주장했던 고약해가 자신의 이익을 위해 그런다고 생각한 것이다. 이것은 고약해의 문제만은 아니었다. 모든 관료들이 지방에서는 가능한 한 짧게, 중앙정부에서는 길게 근무하고 싶었다. 출세를 위해서였다. 이것을 세종은 알고 있었다.

장영실을 승진시킬 때는 수직보다 더 심한 일이 벌어졌다. 장영실을 노비에서 해방해 상의원별좌에 임명할 때 그 특혜는 대단했다. 세종은 이 또한 자신이 밀어붙였다고 회고했다. 하지만 장영실 승진 건에는 세종의 의지도 물론 담겨 있었지만 엄밀히 보면 이는 토론을 거쳐 처리된 것이었다.

> 영의정 황희와 좌의정 맹사성에게 의논하기를, … "장영실(을) … 상의원별좌를 시키고자 하여 이조판서 허조와 병조판서 조말생에게 의논하였더니, 허조는 "기생의 소생을 상의원에 임용할 수 없다"고 하고, (조)말생은 "이런 무리는 상의원에 더욱 적합하다"고 하여, 두 의논이 일치되지 아니하므

로, 내가 군이 하지 못하였다가 그 뒤에 다시 대신들에게 의논한즉, 유정현 등이 "상의원에 임명할 수 있다"고 하기에, 내가 그대로 따라서 별좌에 임명하였다."

— 세종 15년 9월 16일

위 기록은 장영실을 별좌에 임명한 것은 세종이 독단으로 한 것이 아님을 보여준다. 허조는 이 임명에 반대했고 조말생은 찬성했다. 이에 장영실의 승진을 미루던 세종은 신하들과 다시 의논한 결과 찬성안이 많아지자 이것을 실행했다고 회고하고 있다. 따라서 세종 26년 윤7월 23일의 내용을 글자 그대로 해석하는 것은 세종의 의사결정 방식에 대한 오해를 낳을 가능성이 크다. 세종은 신하들의 의견을 충분히 듣고 생각 위에서 생각하여 결정하는 유형의 리더였다.

맺는말

이제 글을 마무리하고자 한다. 한반도는 비록 짧은 시간이었지만 창조 절정기를 맞은 적이 있다. 이것을 이룩한 장본인은 세종이었다. 세종은 어떻게 이런 시대를 열었을까? 그 답은 창조적 사고를 가능케 하는 언박싱에 있었다. 이 책은 세종이 자신의 생각을 어떻게 언박싱했는지 알기 위해 마련되었다. 그 방법을 요약하자면 다음과 같다.

문제 발견 및 탐색

세종의 생각은 문제 인식에서 출발한다. 문제란 무언가 이상하다고 느끼는 마음속의 불편함이다. 창조성이 없는 사람들의 공통점은 이 불편함이 없다는 것이다. 세종은 뛰어난 문제 인식 능력을 가지고 있었다. 그를 불편하게 만든 가장 큰 문제는 가뭄이었다. 왜 세종은 그렇게 천문 도구 개발에 매달렸을까? 가뭄을 근본적으로 해결하려면 하늘을 알아야 한다는 문제 인식 때문이었다. 문제 인식은 문제 발견과 문제 탐색을 통해 가능하다. 문제 발견은 드러나 있는 문제를 포착하는 것이다. 이만주의 침입에 대한 세종의 문제 인식이 여기에 해당한다. 문제 탐색은 이와는 다르다. 일부러 눈을 부릅뜨고 문제를 찾는 것이다. 세종이 훈민정음을 창제할 때 작용한 것이 이것이다. 세종과 다른 리더의 큰 차이가 여기에 있다. 역사적으로 칭송받는 리더들을 살펴보면 문제 발견에 능하다는 공통점을 가지고 있다. 그런데 그것을 넘어서 문제를 탐색하는 능력을 가진 리더는 드물다. 이 능력까지 갖추면 창조에 관한 한 위인의 반열에 오르게 된다. 세종은 드물게 여기까지 진화한 인물이다. 세종의 문제 발견과 탐색에 대해서는 이 책에서 자세히 다루지 않았다. 나의 다른 책《세종에게 창조습관을 묻다》가 이것을 담고 있다. 관심이 있는 독자는 일독을 권한다.

생각 집합 확장

이 책은 여기서부터 시작한다. 세종은 발견 또는 탐색한 문제를 해결하기 위해 자기 생각에만 의존하지 않았다. 주위 사람들과 아랫사람들의 생각 집합을 사용하려고 했다. 이것의 첫 출발은 생각 집합의 크기를 늘리는 것이었다. 집현전을 만들고 신진 학자들을 투입한 이유다. 그는 집현전 학자들과 행정 관료들이 좁은 박스 사고에서 벗어날 수 있도록 끊임없이 독려했다. 그리고 이렇게 확장된 생각 집합을 자신의 창조적 의사결정을 위해 사용했다. 이 속에서 전체 그림을 보았고 의사결정의 방향을 설정했다. 이런 내용을 다룬 것이 '생각 다양성 확보하기'와 '생각 섞어 전체 보기'다.

생각 증폭 및 통합

의사결정 상황에서도 세종은 생각의 양을 한 번 더 폭발시켰다. 찬과 반을 부딪치게 하는 것이 요령이었다. 그리고 그는 이들을 통합하는 방법도 알고 있었다. 세종은 생각의 휴식을 취하면 자기도 모르게 생각이 정리되고 또 다른 생각도 떠오른다는 사실을 알았다. 그는 여기에 황희를 100퍼센트 활용했다.

이 세 가지가 세종의 언박싱 핵심 노하우다. 하지만 세종은 이런 생각 과정이 제대로 작동하려면 또 다른 요건이 충족되어야 함을 알고 있었다. 그는 아랫사람들이 제대로 생각할 수 있는 환경을 만들어주고, 자신의 생각 목적을 상위에 두는 것이 중요하다는 것을 알고 있었다.

생각 환경 조성

조직원들의 창조적 생각을 방해하는 장애물을 없애주는 것이 생각 환경 조성이다. 이 장애물을 제공하는 당사자는 바로 리더 자신이다. 리더는 자기도 모르게 본인의 생각 쪽으로 조직원들의 생각을 몰아간다. 자기와 생각이 다르면 기분 나쁜 표정을 짓거나 얼굴을 찡그리는 리더들이 있다. 얼굴을 다른 곳으로 돌려 딴짓을 하거나 심지어 조는 사람도 있다. 이런 행동들은 리더가 생각을 몰아가고 있다는 강력한 증거다. 세종은 이런 점에 있어 자신에게 엄격했다. '생각 몰지 않기'에서 이 내용을 다루었다.

생각 목적 상위에 두기

리더들은 조직 전체나 국가를 염두에 두고 자기 생각을 정리할 것 같지만 실상은 그렇지 않은 경우가 더 많다. 그들은 대체로 자신의 이익을 염두에 두고 생각한다. 그렇게 한다고 나쁜 결과가 당장 나타나진 않지만 시간이 지날수록 그럴 가능성이 매우 높아진다. 조직원들은 결코 바보가 아니다. 항상 리더의 생각을 살피며 사는 사람들이 리더의 계산을 모를 리 없다. 리더가 자신의 이익을 목적으로 삼고 있다는 것을 알게 되면 이들 역시 리더를 위하는 척하면서 자신의 이익을 챙긴다. 결국 이로 인해 조직과 국가는 위태로워진다. 이것을 막기 위해 리더는 생각의 목적을 항상 상위, 즉 조직과 국가 전체에 두고 구성원들도 그렇게 하도록 유도해야 한다. 세종은 이것을 잘 알고 있었다. 그의 의사결정 기준점은 항상 국가의 이익에 있었다.

리더십을 발휘하기는 쉽지 않다. 창조적 리더십을 발휘하는 것은 더더욱 그렇다. 그럼에도 한반도에 사는 우리는 그런 리더십을 갖은 사람들을 길러내야 한다. 그래야 생존이 가능한 환경 속에 살고 있기 때문이다. 부디 이 책이 창조적 리더를 키우는 데 작은 도움이 되었으면 한다.

주석 ————

1) 이홍, 2018, 《세종에게 창조습관을 묻다》, 서울: 도서출판 더숲

2) Armbruster, B. B. 1989. Metacognition in creativity. In: Glover, J. A., Ronning, R. R., & Reynolds, C. R. (Eds.). *Handbook of Creativity: Perspectives on Individual Differences* (177-182). Boston, MA: Springer

3) 성찰(reflection)은 과거, 현재 및 미래에 대해 메타인지를 작동시키는 것을 의미함. Schon(1983)은 과거와 현재에 대한 성찰 개념을 제시하였음. 이것을 reflection-on-action(과거 성찰)과 reflection-in-action(현재 성찰)이라고 함(Schon, D. A. 1983. *The Reflective Practitioner: How Professionals Think in Action*. New York: Basic Books). 이에 더해 최근에는 reflection-for-action(미래 성찰)에 대한 연구들이 교육학을 중심으로 활발해지기 시작했음. 다음의 연구들이 예임. Olteanu, C., & Olteanu, L. 2012. Improvement of effective communication-the case of subtraction. *International Journal of Science and Mathematics Education,* *10*(4): 803-826; Olteanu, C. 2017. Reflection-for-action and the choice or design of examples in the teaching of mathematics. *Mathematics Education Research Journal,* *29*(3): 349-367

4) Tversky, A. & Kahneman, D. 1974. Judgment under uncertainty: Heuristics and biases. *Science, New Series, 185*(4157): 1124-1131

5) https://www.forbes.com/sites/ericjackson/2012/01/02/the-seven-habits-of-spectacularly-unsuccessful-executives/#12160613516b

6) https://observer.com/2019/06/ron-johnscon-jc-penney-retail-guru/

7) https://www.wikiwand.com/en/Roger_Smith_(executive)

8) Flanigan, J. 2013. Charisma and moral reasoning. *Religions, 4,* 216-229

9) https://www.bbc.com/news/technology-40352868

10) Rosenthal, S. A. & Pittinsky, T. L. 2006. Narcissistic leadership. *The Leadership Quarterly, 17*(6): 617-633

11) 1800년 알프스를 넘어 이탈리아로 진격할 때 부하들이 이를 말리자 한 말.

12) https://www.brainyquote.com/lists/authors/top_10_napoleon_bonaparte_quotes 중 일부 발췌.

13) https://news.chosun.com/site/data/html_dir/2019/11/27/2019112700038.html

14) Baker, T. 2009. Conquering the initiative paradox: From closed to open information online. In T. Baker (Ed.), *The 8 Values of Highly Productive Companies Creating Wealth from a New Employment Relationship* (155-171). The Bowen Hills, QLD: Australian Academic Press

15) Morrison, E. W. & Milliken, F. J. 2000, Organizational silence: a barrier to change and development in a pluralistic world. *Academy of Management Review, 25*(4): 706-725

16) https://www.legalexaminer.com/legal/gms-list-of-dirty-words/

17) Maier, S. F., & Seligman, M. E. 1976. Learned helplessness: Theory and evidence. *Journal of Experimental Psychology: General, 105*(1): 3-46

18) '집단 사고'라는 단어가 보편적으로 사용되지만 집단 사고를 집단 창조성으로 오해할 소지가 있어 이를 구분하기 위해 '집단 매몰 사고'라는 용어를 사용하기로 함.

19) Janis, I. L. 1982. *Groupthink* (2nd ed.). Boston: Houghton Mifflin

20) http://weekly1.chosun.com/site/data/html_dir/2006/07/12/2006071277019_2.html

21) https://medium.com/great-business-stories/lessons-from-pixar-1-the-braintrust-e306843a5153

22) 이홍, 2018, 《세종에게 창조습관을 묻다》, 서울: 도서출판 더숲

23) http://sewoon.com/mall/kims_lib/board/kimsboard.php3?table=sunchun&action=print&l=21

24) 김길형, 2013, 《한 권으로 읽는 인물 한국사: 조선 인물사》, 서울: 아이템북스

25) 임용한, 2009, 《난세에 길을 찾다》, 서울: 시공사, p.318

26) http://contents.history.go.kr/mobile/nh/view.do?levelId=nh_022_0030_0030_0010_0020#ftid_570)

27) Adamson, R. E. 1952. Functional fixedness as related to problem solving: A repetition of three experiments. *Journal of Experimental Psychology, 44*(4): 288-291

28) 박현모, 2014, 《세종처럼: 소통과 헌신의 리더십》, 서울: 미다스북스

29) Jehn, K.A., Northcraft, G.B., Neale, M.A., 1999. Why differences make a difference: a field study of diversity, conflict, and performance in workgroups. *Administrative Science Quarterly, 44*(4): 741-763

30) Lunenburg, F. C. 2012. Devil's advocacy and dialectical inquiry: Antidotes to

groupthink. *International Journal of Scholarly Academic Intellectual Diversity, 14*(1), 1-9

31)   Hélie, S., & Sun, R. 2010. Incubation, insight, and creative problem solving: A unified theory and a connectionist model. *Psychological Review, 117*(3), 994-1024의 incubation 부분을 수정 및 확장.

32)   이홍, 2018, 《세종에게 창조습관을 묻다》, 서울: 도서출판 더숲, p.28-29의 글을 수정하여 사용.

33)   이홍, 2018, 《세종에게 창조습관을 묻다》, 서울: 도서출판 더숲, p.153

34)   http://www.doopedia.co.kr/mv.do?id=101013000743497

35)   MacLean, P. D. *The Triune Brain in Evolution: Role in Paleocerebral Functions.* New York: Plenum; 1990

36)   Patrick J. Lynch, medical illustrator; C. Carl Jaffe, MD, cardiologist. 2006. Brain human sagittal section에 한글 설명을 추가.
https://commons.wikimedia.org/wiki/File:Brain_human_sagittal_section.svg

37)   Wilkowski, B. M., & Robinson, M. D. 2008. The cognitive basis of trait anger and reactive aggression: an integrative analysis. *Personality and Social Psychology Review, 12*(1), 3-21을 수정.

38)   Ambrose, 1995. Creatively intelligent: Post-industrial organizations and intellectually impaired bureaucracies. *Journal of Creative Behavior, 29*(1): 1-15
http://josephckelly.com/2008/07/25/fractal-organizations/

39)   박현모, 2014, 《세종이라면》, 서울: 미다스북, p.276

40)   https://en.wikipedia.org/wiki/Louis_XIV_of_France

41)   http://www.azquotes.com/author/9054-Louis_XIV

42)   이하의 내용은 《초월적 가치경영》(이홍, 2016, 도서출판 더숲)의 내용을 참조한 것임.

43)   이하의 내용은 다음의 사이트들을 참조했음.
https://news.joins.com/article/23054097
https://edition.cnn.com/2018/10/30/business/sears-share-repurchase/index.html

44)   Finkelstein, S. 2004. The seven habits of spectacularly unsuccessful executives. *Ivey Business Journal, January/February:* 1-6

45)   박현모, 2009. 세종정부의 의사결정 구조와 과정에 대한 연구: 제 1, 2차 여진족 토벌 사례를 중심으로. 〈동양정치사상사〉, 제8권 제1호, p.163-183
http://210.101.116.28/W_files/ksi1/01307461_pv.pdf

46)   http://contents.history.go.kr/front/nh/print.do?levelId=nh_024_0060_0050_0050&wher

eStr=

47) 《손자병법》이 손무의 작품인가에 대해서는 이설이 많음. 손무가 초안을 쓰고 후대로 가면서 덧붙여졌다는 설도 있음.

48) 류성룡(역자 김시덕), 2013, 《교감·해설 징비록》, 서울: 아카넷, p.131

49) 류성룡(역자 김시덕), 2013, 《교감·해설 징비록》, 서울: 아카넷, p.132

언박싱

초판 1쇄 발행 2020년 7월 17일
초판 2쇄 발행 2022년 8월 19일

지은이 이홍
발행인 안병현
발행처 주식회사 교보문고
등록 제406-2008-000090호(2008년 12월 5일)
주소 경기도 파주시 문발로 249
전화 대표전화 1544-1900 **주문** 02)3156-3694 **팩스** 0502)987-5725

ISBN 979-11-5909-989-2 (03320)
책값은 표지에 있습니다.

• 이 책의 내용에 대한 재사용은 저작권자와 교보문고의 서면 동의를 받아야만 가능합니다.
• 잘못된 책은 구입하신 곳에서 바꾸어 드립니다.